Macro-oriented Fiscal Policy,
Corporate Investment and Innovation Behavior

宏观税收政策变化与
微观企业投资创新行为

■ 贺小丹　著

中国金融出版社

责任编辑：明淑娜
责任校对：孙　蕊
责任印制：陈晓川

图书在版编目（CIP）数据

宏观税收政策变化与微观企业投资创新行为/贺小丹著．—北京：中国金融出版社，2021.7
ISBN 978 - 7 - 5220 - 1228 - 5

Ⅰ．①宏…　Ⅱ．①贺…　Ⅲ．①税收政策—影响—企业—投资行为—研究—中国　Ⅳ．①F812.422②F279.23

中国版本图书馆 CIP 数据核字（2021）第 125115 号

宏观税收政策变化与微观企业投资创新行为
HONGGUAN SHUISHOU ZHENGCE BIANHUA YU WEIGUAN QIYE TOUZI
CHUANGXIN XINGWEI
出版
发行　中国金融出版社

社址　北京市丰台区益泽路 2 号
市场开发部　（010）66024766，63805472，63439533（传真）
网 上 书 店　www.cfph.cn
　　　　　　（010）66024766，63372837（传真）
读者服务部　（010）66070833，62568380
邮编　100071
经销　新华书店
印刷　北京市松源印刷有限公司
尺寸　169 毫米 × 239 毫米
印张　8
字数　108 千
版次　2021 年 7 月第 1 版
印次　2021 年 7 月第 1 次印刷
定价　35.00 元
ISBN 978 - 7 - 5220 - 1228 - 5
如出现印装错误本社负责调换　联系电话（010）63263947

摘　　要

随着中国经济转向高质量发展阶段，促进实体经济创新发展，增强经济创新力与竞争力，已成为中国经济发展的重要方向。落地到微观层面，关注企业的投资与创新行为显得十分必要。众所周知，微观企业的行为会在很大程度上受到宏观政策的影响，其中税收政策的调整会直接影响企业的税负及其结构，进而影响到企业的经营成本，多数企业也通常会随之作出行为调整，以实现企业生产资源的优化配置与利润最大化目标。在企业的各项行为中，固定资产投资与研发活动等创新行为，是提高企业生产力与创新力的重要途径，对于推动实体经济的创新发展具有重要意义，因而吸引了大量专家学者的关注与深入研究。本书关注了宏观层面税收政策变化对微观层面企业投资与创新行为的影响，结合理论与实证研究方法，对税收政策的变化，以及相关税收优惠政策的实施对企业的投资与创新行为的影响机制与实际效果进行分析与评价。这对于如何在未来进一步深化税制改革，实现促进实体经济创新发展的政策推动力，具有重要指导意义。

本书第二章梳理了有关宏观税收政策变化与微观企业行为的研究文献，其中主要包括宏观层面对企业税收制度的相关研究，微观层面的企业投资与创新行为研究，以及税制变化对企业相关行为的影响研究。第三章基于政策评价中广泛使用的处理效应模型框架提出一个相较于已有方法更稳健的模型估计方法，并在后续章节应用该方法对所得税法改革的实施效果进行评价。第四章到第六章为实证研究部分。第四章首先关注了企业的投资决策。在企业投资—资本成本的理论框架下，围绕企业税负变化对企业投资决策的影响机制进行理论分析，并在此基础上结合计量方法对新企业所得税法实施对企业投资行为的实际影响进行评价。实证部分关注的另一个问题是企业的创新行为。第五章研究了企业的研发投入决策。针对已有文献的不足，文中提出了较为合理的研究框架，用理论模型和实证分析相结合的方法对企业创新的决策影响因素进行了研究，并在建立企业研发投入决策模型的基础上，加入了企业税负与税率优惠的因素，从而对企业税负对其研发投入决策的影响，以及税率优惠政策在促进企业研发活动积极性方面的作用进行了评价。第六章同样使用理论模型和实证分析相结合的方法对企业创新的产出绩效展开研究，并评价了税收优惠激励对企业创新绩效的影响。文中在理论模型部分建立了广义 Cobb – Douglas 生产函数，其中将研发累积投入作为企业技术水平的累积存量，与劳动力、资本一起作为企业生产的三大要素，进而分析研发活动对企业生产绩效的影响，这种分析角度在很大程度上克服了现有相关文献的不足。在模型估计中，文中还考虑到了可能存在的内生性问题，并对其作出了修正。第七章为结论与政策建议，研究发现，有效的税收优惠可以引导企业的投资与创新活动，并提高企业的生产效率与创新效率，因此，应进一步完善企业税收制度，有效引导与激励企业的投资与创新活动，从而带动实体经济的创新发展。

目　　录

第一章 绪 论

第一节 研究背景及意义

一、研究背景

过去的 40 年，中国经济一直保持连续的高速增长。1979—2009 年，中国的年均 GDP 增长率达到将近 10%（根据国家统计局公布的数据），成为世界经济发展史中的奇迹。如此快速的经济增长引发了国内外诸多学者的关注。为什么中国经济可以保持如此快速的增长呢？在增长的背后是否还存在一些问题呢？很多学者对中国经济增长模式以及其可持续性展开了讨论（吴敬琏，2006；王兵和颜鹏飞，2007；王小鲁等，2009）。学界比较一致的观点是，我国的经济发展仍然处于粗放式的增长阶段，如金碚曾指出（陈文锋等，2010），中国经济之所以能在 30 年中取得巨大成就，主要基于两个原因：一是中国独特的产业路径以及廉价的劳动和丰富的劳动资源；二是中国经济发展极大地依赖土地资源，包括化石能源和矿产，依托于土地和资源的开发投入。事实上，如果一国经济要保持稳定的增长，不能够仅依赖于对资源以及廉价劳动力的利用，还必须同时提高产业竞争力，在人力资本、技术等方面不断增加投入，从而提高生产力，这样才能保证经济的长远发展，因此，我国的经济发展需要转型。吴敬琏（2006）强调，"我国应该转变经济增长的方式，从目前基于廉价劳动力、高储蓄率、高投资率的粗放型增长方式转向基于技术进步和资源充分利用的集约型长效增长方式"。党的十九大报告也指出，中国经济已转向高质量发展阶段，面临转变发展方式、优化经济结构、转换增长动力重要任务。在此背景下，企业作为构成一国经济的微观主体，而工业作为国民经济的主导，意味着工业企业的生产与发展将对国家经济的发展起到至关重要的作用，因此工业企业的技术进步以及生产力的提高将是经济发展过程中的关键。

我国当前正处于工业化的中期，工业企业自身同样面临真正意义上的转型，如果中国企业无法从简单的来料加工、低技术含量向高附加值、有自主知识产权和品牌的方向转型，发展将难以为继。尤其在当前的国际环境下，国内企业同时面临国际市场变化的巨大压力，对于一些传统企业来说，如何顺利转型更是成为一个迫在眉睫的挑战。为了提高在国际市场上的竞争力，企业必须改进生产技术，提高产品技术含量，从而提高生产力。具体地，企业通常可以通过以下两方面来提高生产力：一方面，企业可以通过进行固定资产投资以及设备更新，引进先进的生产技术；另一方面，也可以通过人力资本和技术投入，努力提倡自主研发等创新行为，进而通过生产工艺改进、产品革新等方式提高生产效率和市场竞争力。因此，合理的投资与大胆的创新成为我国企业能否顺利实现转型，并在国际竞争中求得生存和发展的关键。在此背景下，有关企业投资与创新行为的研究显得十分必要。

二、研究意义

（一）企业投资行为的研究意义

投资、消费、出口是拉动经济增长的"三驾马车"，因此投资对于一国经济的平稳与发展至关重要。从微观角度来说，企业的投资，尤其是对固定资产以及设备的投资与更新对企业生产技术水平和生产力的提高发挥着巨大的作用。夏和平和王邦宜（2006）指出，"以设备投资为主的固定资产投资能够显著提高我国制造业的生产技术水平和生产效率，抵消投资的边际效益递减效应和对消费的挤出效应"，而且"设备投资拉动型的经济增长模式能够加速我国的工业化进程"，只有通过"加大设备投资和设备更新力度，才能提高我国制造业的深加工度和附加值水平，实现制造业的脱胎换骨并提高其国际竞争能力"。当然，我们在大力促进企业固定资产以及设备投资的同时，还需要同时考虑投资的有效性，在试图通过投资提高企业的生产技术水平和生产效率的过程中，这也是一个不容忽视的问题。

2007年3月16日，第十届全国人民代表大会第五次会议审议通过了《中华人民共和国企业所得税法》（以下简称新企业所得税法），自2008年1月1日起施行。新企业所得税法在企业所得税率、税前扣除以及税收优惠等方面都作出调整，一方面降低了内外资企业面临的名义税率，另一方面统一了内外资企业的税收优惠和税前扣除标准。税制的改革，特别是税率的降低将在很大程度上降低企业的投资成本，从而鼓励企业进行固定资产投资以及设备更新，在这方面日本是一个十分成功的先例（夏和平和王邦宜，2006）。因此，可以预期这一制度的变革将会对我国工业企业的投资形成激励作用，进一步地提高企业的投资效率，从而促进实体经济的发展。

因此，本书将针对企业的投资行为展开研究。分析企业固定资产投资的主要影响因素，并利用税制改革的契机仔细研究所得税制度对企业投资行为的影响，可以帮助我们更好地了解我国工业企业的实际状况，了解如何能够更好地通过政策性引导进一步地鼓励企业进行固定资产投资以及设备更新，从而促进企业生产效率的提高，并在整体上促进我国实体经济的发展。

（二）企业创新行为的研究意义

对于企业自主创新，虽然一直没有统一规范的定义，但通常指产品的创新以及生产技术和生产过程的创新（OECD，1997；ABS Innovation Survey questionnaire）。企业创新是为了将创新成果投入使用，对企业的生产活动产生影响。因此，也有人认为创新指企业为创造增加值实施的某些革新改进活动（Business Council of Australia，1993）。国家统计局编写的《大中型工业企业自主创新统计资料》对创新给出的定义是：工业企业的自主创新活动是指企业开展的研究与试验发展（R&D）活动。根据以上定义，我们可以认为，企业创新是一项企业内部开展的通过资金、人力资本以及技术的投入进行的对产品、生产工艺的革新运动。企业创新对于提高企业生产技术和生产效率以及市场竞争力将起到至关重要的作用，进而扮演着国家经济发展进程中不可替代的角色。因此关于企业创新的研究也一直是国内外学界的热点。

基于以上事实，本书还将对企业的创新行为展开研究，分析企业创新行为的影响因素与创新活动对产出的绩效，并评价企业税负在其中的调节作用。这样的研究不仅可以帮助我们了解我国工业企业创新活动的开展现状，帮助企业确立未来的发展方向，而且可以为政府进一步优化税收优惠政策提供一些参考，通过合理的政策规范，为企业创新活动的开展创造一个良好的环境。

（三）企业税收政策变化的研究意义

当前我国经济发展的重点是经济增长方式的转变以及产业结构的优化升级。作为经济活动中的微观主体，企业的健康发展、生产力的提升，特别是重点战略型新兴企业的成长，成为经济发展进程中的关键。企业生产性固定资产投资、人力资本投资、科技创新能力的提升，以及在资源节约、环境友好方面的努力，都是提高我国企业竞争力的主要环节，也成为我国经济增长方式的转变以及产业结构的优化升级进程中最基本且关键的途径。而企业税收制度的优化调节功能在此过程中发挥着重要作用。

随着国内经济的发展，以及经济全球化的深入，我国的企业税制改革目标实现了由追求公平、效率，向促进科学发展、优化配置、提升竞争力的方向的提升与转变：从"九五""十五"期间的健全税制、统一内外资企业所得税，到"十一五"期间提出的完善税制、发挥税收经济调节作用的宗旨，再到"十二五"期间的进一步完善税收制度改革，规范税收优惠政策，发挥税收激励政策的扶持引导作用。税制改革进程在维护市场统一、促进社会公平、优化资源配置方面起到了重要作用。2008年开始实施的新企业所得税法作为税法改革里程碑，在促进公平、提升效率、优化经济结构方面都作出了重要的变革。如对重点扶持和鼓励发展的产业给予税额式优惠，对企业开发新技术、新产品、新工艺发生的研究开发费用允许加计扣除；此外，在统一内外资企业的税率和享有的优惠的基础上，对小微企业以及高新技术企业给予低税率优惠等。而且这些优惠扶持政策还在不断的规范与完善中。我们可以预期这些政策的实施，将引导和扶持企业在提升生产技术水平、开展科技创新活动，以及在基础设施建设、节能环保方面作出更多努力，促进企业蓬勃发展。因此，借助改革契机，通过实证研究分析和评价我国企业税收政策变化对企业相关行为的激励作用，并提出未来进一步完善税收制度的优化方向，显得十分必要。

第二节　研究内容与结构安排

本书的研究内容分为方法论研究和实证研究两个部分。在方法论研究部分，本书主要针对在政策评价中受到广泛应用的平均处理效应的估计展开讨论，提出一个基于随机系数内生哑变量模型的平均处理效应的半参数估计方法。该方法相较于已有的方法更具稳健性，因此本书将该方法应用于后续章节的实证研究部分，同时也对不同方法进行了比较。在实证研究部分，本书主要围绕企业税收政策变化对企业的"投资"与"创新"的影响机制与作用进行了讨论。其中，对企业投资行为的研究包括对企业固定资产投资的影响因素的分析，以及所得税改革对投资的激励作用的评价；对企业创新行为的研究包括对企业创新（研发）行为的影响因素的分析，以及对企业创新（研发）的产出绩效的估计，其中，重点研究企业税负对其研发决策以及研发绩效的影响机制。具体结构安排如下。

第一章主要介绍研究背景与意义、研究内容与结构安排、研究方法、研究的主要贡献和存在的不足之处。第二章对相关研究现状进行了梳理，其中包括：宏观层面对企业税收制度的相关研究，微观层面企业投资与创新行为的研究，以及税制变化对企业相关行为的影响研究。第三章提出了一个基于随机系数内生哑变量模型的平均处理效应的半参数估计方法，并将其应用到之后的实证研究中。第四章关注了企业的投资行为。其中，（1）根据新古典资本需求理论构建企业投资—资本成本理论模型，并将企业所得税的影响包含到投资成本中；（2）基于理论模型通过实证分析来探讨企业所得税改革通过影响企业投资成本对企业投资的激励作用；（3）在实证研究中，通过使用政策评价的方法，进一步对所得税率的降低对投资的激励作用进行了直接评价；（4）通过分析企业的投资效率，评价企业的投资激励是否有效促进了企业生产效率的提高。第五章和第六章围绕企业的创新行为以及创新绩效进行实证分析，并评价企业税负（税收优惠）在其中的调节作用。其中，首先，结合我国工业企业的特点，对研发行为决策进行建模分析，然后建立了企业研发活动影响因素模型，并在其中考虑了企业税收优惠的激励作用；其次，将研发累积投入与劳动力、资本一起作为企业生产的投入要素，构建广义 Cobb - Douglas 生产函数，将其作为企业创新绩效研究的基本方程，并在其中加入企业税负与研发累积投入的交叉项作为解释变量，评价企业税负对企业创新绩效的调节作用；最后，在生产函数模型估计中，为了避免研发投入与产出的联立性导致的内生性问题，文中使用对研发活动影响因素的分析结果，并通过一定的计量方法构建工具变量，从而对估计结果进行修正，得到对企业创新绩效的较为可靠的估计。第七章为研究结论与政策建议，对实证部分的研究结论进行了总结，并针对研究中发现的一些实际问题讨论了相关的政策启示。

第三节　研究方法

本书在第三章提出一个基于随机系数内生哑变量模型的平均处理效应的半参数估计方法。具体研究方法如下。

首先，在模型的设定中，（1）通过引入一个（0，1）型变量 d 表示个体是否接受了处理（广义）；（2）由于参加项目往往是一个自我选择的过程，模型设定同时考虑了自选性可能导致的内生性问题；（3）区别于已有文献对不变处理效应（constant treatment effect across individuals）的假定，文中同样考虑了处理效应的异质性。

其次，在模型的估计中，（1）区别于已有文献，文中未对模型中的函数形式以及误差项分布作任何设定，只对误差项的分布作对称性假定；（2）在对称性假定下，发现倾向得分（propensity score）之和等于1的个体其矫正项相等，因此通过将满足该条件的个体进行成对相减就可以将其消除，从而得到一个线性回归方程；（3）文中据此提出一个两阶段估计量：在第一步使用非参数方法估计倾向得分之后，第二步使用一个半参数的加权工具变量估计方法得到对平均处理效应的一致估计量。

最后，文中进一步讨论了估计量的一致性和渐近正态性，同时对估计量的有限样本性质进行了蒙特卡罗模拟，显示了其稳健性与其他优点。

本书实证研究部分围绕企业的投资与创新行为以及税收政策变化在其中的调节激励作用进行了讨论。在构建经济理论模型的基础上，利用微观层面企业数据，结合使用第三章提出的计量方法展开实证分析。以下具体介绍实证部分使用的研究方法。

首先，本书的实证模型都是在经济理论分析的基础上构建的。

（1）第四章根据新古典投资理论（即对于追求利润最大化的企业，其最优资本需求量应该满足资本的边际产出等于资本的使用成本），参考Hall和Jorgenson（1967）提出的企业投资—资本成本模型，推导出企业的最优资本需求量，并在此基础上建立企业固定资产投资的动态调整回归方程。模型通过将企业所得税制度因素包含到资本成本中，反映出企业所得税对资本成本进而对企业投资的影响。

（2）第五章在参考 Lee（2003）的基础上，结合中国工业企业的特点，通过推导企业创新决策中面临的优化问题，得出企业的最优研发投入水平，形成企业研发行为决策的主要结构，并将此作为实证中构建研发行为决策二项选择（Probit）模型的理论基础。

（3）第六章为了估计企业的创新绩效，将研发累积投入与劳动力、资本一起作为企业生产的投入要素，构建了一个广义的 Cobb - Douglas 生产函数，并将此作为研究企业创新绩效的基础模型。

其次，在构建实证模型之后，本书使用了 1998—2009 年销售额在

500万元以上的中国工业企业数据库。使用企业层面的微观数据,可以为我们提供更多的信息,从而得出较有说服力的分析结果。

最后,针对模型以及数据的特点,本书结合使用了较为合理的计量方法来对模型进行估计,并结合使用第三章所提出的平均处理效应估计方法对税收政策变化对企业投资与创新行为的影响效果进行了评价。

(1)第四章在对企业投资行为的研究中,需要对根据理论模型建立的投资动态调整方程进行估计。估计主要存在着两个难点:一是在动态面板数据模型中,由于被解释变量的滞后项与个体效应存在相关性,模型估计存在内生性问题;二是模型的被解释变量是企业的固定资产投资率,但是由于企业投资或者为零,或者大于零,存在数据截断的问题。针对这两个问题,文中使用了动态面板 Tobit 模型估计方法。其中,为了解决解释变量与个体效应相关的问题,文中参考了 Wooldridge(2010,Chapter 17)中介绍的方法。首先对被解释变量的初始状态以及个体效应进行一些假定,在某种程度上允许个体效应与解释变量的相关性,然后在随机效应的框架下对模型进行估计。

(2)在投资动态调整方程基础上,第四章实证部分进一步建立了评价所得税改革中企业实际税率变化对企业投资行为的影响的处理效应模型,并运用第三章提出的半参数估计方法对该政策效果进行评价。同时,文中还使用了传统的面板数据结构下的政策评价方法——双重差分法(DID)对模型进行了估计,以作对比。

(3)第五章在理论基础上建立了企业创新决策二项选择模型,通过对该模型进行估计,分析企业税负对其创新行为的影响,以评价税收优惠措施对企业创新投入的激励效果。在估计中,本书选用了面板数据 Probit 模型估计方法。但是面板数据 Probit 模型无法考虑固定效应,如果假设随机效应,则可能由于个体效应与解释变量的相关性,估计结果不一致。本书参考了 Chamberlain(1984),对传统的随机效应 Probit 模型进行了改进,同样在某种程度上允许解释变量与个体特征存在一定的相关关系,从而对模型进行了估计。

(4)第六章需对生产函数进行估计,分析企业创新的产出绩效,并评价企业税负对企业创新绩效的调节作用。但是由于企业研发与产出之间存在一定的联立性，模型估计中存在内生性问题。本书通过使用工具变量方法对此进行了修正。其中工具变量的选取主要受启发于 Wooldridge（2010，Chapter 17）对处理效应（treatment effect）使用的工具变量估计法。将上文所提的企业创新行为决策模型的 Probit 估计拟合值（即倾向得分）作为企业累积研发投入的工具变量，从而得到了较为可靠的企业创新绩效的估计。

第四节　创新与不足之处

一、主要创新点

本书方法论研究部分基于随机系数内生哑变量模型提出了对平均处理效应的半参数估计方法，对计量经济学的理论研究也具有一定的创新。其主要体现在以下两个方面。

（1）在平均处理效应的估计中，为了解决"反事实状态缺失"的问题，已有文献多数需要给出较强的假设条件，如不变处理效应假设（constant treatment effect across individuals），或处理分配的可忽略性假设（ignorability of treatment，也可直接称为可忽略性假设）。而事实上这些假设通常与实际不符。本研究则放松这些假设，在模型中同时考虑了异质性与自选性，并且通过一定的处理方法得到了平均处理效应的一致估计量。

（2）已有文献通常会对模型的设定作一些假设，如对模型中的变量依赖关系以及误差项的分布作参数形式的假定，但是这些假定通常无法用经济理论去验证，而一旦这些假定与实际不符，往往会导致估计结果的不一致性。本书在非常弱的假设条件下（即只假设误差项服从对称性分布，而不对模型中函数形式以及误差项分布作任何其他设定），利用对称性消去矫正项，从而提出一个更为稳健的估计量。文中还通过蒙特卡罗模拟及一个实证的例子体现了该估计量的稳健性和其他优点。

在实证研究部分，本书主要围绕"企业的投资行为"与"企业的创新行为"两个议题以及税收政策变化在其中的作用展开分析。在企业投资行为的研究中，通过构建理论模型分析了企业投资的影响因素，并评价了所得税改革对企业固定资产投资的政策影响效果。在企业创新行为的研究中，在构建企业创新决策理论模型的基础上分析了企业创新（研发）行为的影响因素，以及研发投入对企业产出的绩效，并在其中考虑了企业税负的调节作用与税收优惠的激励作用。该研究在现有文献的基础上作了不少改进，具有一定的创新价值，下文将作具体介绍。

（1）第四章讨论了企业的投资行为，并重点分析了我国企业所得税的改革对投资的激励作用。其主要创新之处在于：第一，在国内已有的文献中，虽然有部分文献对企业的投资行为进行过研究，但几乎还未有文献将所得税改革考虑进来。而在讨论所得税改革的政策效应时，虽然有不少文献讨论过税率变化对企业经营管理行为的影响，但是针对税率变化对企业投资的影响作用展开研究的却并不多见。本书则在讨论企业的投资行为时，通过构建理论模型分析企业投资的影响因素，同时将所得税制度的因素考虑进来，并进一步使用政策评价的方法分析了所得税制度的改革对投资的激励作用。研究结果也证明了该作用的显著性。第二，在企业投资行为的实证研究中，本书还考虑了企业投资的动态调整过程，并据此建立了动态的企业投资回归方程。而在已有的研究中多数忽略了这一点。此外，针对模型和数据的特点，本书使用了合理的计量方法估计模型，在一定的程度上修正了已有研究的不妥之处。第三，为了更好地评价所得税改革的政策效应，文中还进一步讨论了企业投资的有效性，通过对企业投资效率的回归分析，发现了投资效率随着时间的上升趋势。因此我们可以认为：企业所得税政策改革不仅在量上刺激了企业的固定资产投资，而且由于企业投资效率不断提高，所得税改革更是通过促进投资实现了提高我国工业企业生产效率，促进企业经济快速发展的政策目标。这个结论对于评价所得税改革的政策效应有着非常重要的启示。

（2）第五章和第六章讨论了我国工业企业创新活动的主要影响因素，

并对创新的产出绩效进行了估计。其中的主要创新之处在于：第一，已有文献多数将企业的专利及新产品开发情况作为研究对象来评价企业的创新能力。本书认为，对于企业来说，创新的目的是为企业创造价值，最终将体现在产出总水平上。因此，区别于已有文献，本书使用企业的产出水平来衡量自主创新绩效，研究对象是企业的研发活动对企业生产水平的影响。第二，在对企业创新绩效的研究中，文中构建了广义的Cobb - Douglas 生产函数作为企业创新绩效研究的基础模型，其中，将研发累积投入与劳动力、资本一起作为企业生产的投入要素。这在国内已有研究中并不多见。第三，在模型的估计中，多数文献忽略了研发活动的自选性问题，即研发投入与企业产出之间通常会存在互为因果关系，导致模型估计中存在内生性问题。本书则通过构建合理的工具变量对此问题进行了修正。第四，在得到我国工业企业创新绩效的估计值之后，还将其与国际上的一些相关研究结果进行了比较，通过对比国外企业的研发产出弹性估计值来评价我国工业企业的研发绩效水平。结果发现经过四十多年的改革开放，我国工业企业的研发产出弹性（大约为5%）在国际上处于中等偏上的水平，但提高空间依然很大，因此，建议政府和企业进一步提高研发强度。这样的结论对于我国工业企业未来发展方向的确立以及政府未来制定政策都具有一定的借鉴价值。

二、不足与改进之处

本书关于企业投资与创新行为的实证研究虽然在已有文献的基础上作了一些有益的尝试性改进，但是其中仍然存在着值得改进之处，主要体现在以下几个方面。

（1）第四章需要对企业面临的资本成本进行估计，其中要用到企业面临的产品与投资品的相对价格，以及经济折旧率等指标，但是由于这些指标的无法直接观测性，文中使用了如各行业工业品出厂价格指数、各地区固定资产投资价格指数以及通过计算得到的综合折旧率来代替这些指标。这样的处理虽然也不失一般性，但是在一定程度上可能会对结果的稳健性造成影响。如果能够进一步获得更多详细的数据，可能会给我们的研究提供更多的信息与改进的空间。

（2）第六章讨论企业的创新绩效。由于获得数据的限制，已有的数据仅包含了 2005—2007 年的研发投入。因此，在建立累积创新投入这一变量时仅将这三年的研发投入进行折旧加总，并仅对 2007 年的生产函数进行回归，而无法构建面板数据模型进行处理，可能会对结果存在一定的影响。如果能够进一步地加大数据的时间跨度，将会更方便对文中结果的稳健性进行检验。

（3）为了研究方便，本书使用 Cobb – Douglas 函数作为研究企业创新活动产出绩效的基础方程。虽然这样的设定在已有文献中也十分普遍，但是考虑到 Cobb – Douglas 函数形式包含了对企业生产的一些假设，因此在未来的研究中也可以通过使用更为一般化的生产函数形式展开讨论。

（4）本书第三章方法论研究部分在不对选择方程以及结果方程中的变量依赖关系作任何假定的前提下，提出了一个更具稳健性的对平均处理效应进行估计的方法。但是该分析框架只能局限于被解释变量不存在截断的情况。而在实际应用中，无论是截面数据，还是面板数据，通常会存在数据截断的情形。因此，在未来的研究中，处理数据截断的问题将会是一个值得关注的问题。

第二章　文献综述

第一节　宏观税收制度研究现状

关于企业税收制度的研究，一直以来都是国际学术界的研究热点。众多文献主要围绕最优税收制度的规范性分析，以及对企业所得税制度实施效应的实证分析展开。最优税收理论的研究主要是基于一般均衡的分析框架，利用社会福利函数来计算最优税收结构。特别是 20 世纪 80 年代以来，新增长理论的兴起为最优税制理论研究开拓了广阔的空间（Lucas，1988，1990）。此外，随着市场失灵、开放经济等进入研究视野，税收政策的调控作用受到了重视。资本在国际间的自由流动，使提升本国税制竞争力以及企业竞争力成为企业所得税改革新的价值取向。因此大量文献讨论了在存在资本流动和对外投资的环境下的最优所得税制度（Haufler and Schjelderup，2000；Fuest and Hemmelgarn，2005；Devereux et al.，2008；Becker and Fuest，2011 等）。同时，市场的不完全竞争等市场失灵问题也受到了最优税收理论的关注。如 Dharmapala 等（2011）讨论了在存在不完全竞争（垄断竞争）、企业产品存在差异化的市场结构下的最优税收制度问题。Bauer 等（2014）则进一步讨论了在开放经济的背景下，不完全竞争市场结构下的最优企业税收制度。不难发现，最优税制理论的基础是福利经济学，是在假设基础上的一种模型化的理论，而且该理论是通过使用社会福利函数体现出税收的公平、效率原则，将最大化社会福利作为最优的标准，而可能忽略了其他的经济社会调控目标。因此该理论实际应用价值也受到了一定的限制。此时，对企业所得税制度实施效应的实证分析显得十分必要。

从 19 世纪 80 年代中期开始，英国和美国发起了全面所得税制改革，引发了世界性的税制改革浪潮，企业所得税改革是其中的重要内容。许多国家都进行了企业所得税制改革，充分发挥和利用企业所得税制度在经济调节和引导方面的功能作用。所得税制改革为学者提供了实证研究的契机，其主要围绕改革中税率的降低，以及税收激励政策对企业投资、生产等方面的促进和激励作用展开，进而评价税制改革的有效性。相关研究多数基于 Hall 和 Jorgenson（1967）的资本成本理论，探讨所得税制度通过影响企业投资资本成本，发挥对企业投资决策的激励和引导作用。例如，Auerbach（1989）在考虑资本调整成本的基础上，分析了 1986 年的美国税制改革中企业实际税负的变化，并讨论了税制改革对企业投资行为以及企业价值的影响机制；Cummins 等（1994）使用截面数据，考虑到不同类型的资产面临不同的税收政策激励，详细研究了美国 1953—1988 年所得税政策的变化引起的资本成本和投资的变化情况，发现资本成本对投资具有显著影响；Cummins 等（1995）又通过使用企业层面的微观数据，并且考虑了纳税时的亏损结转，进一步讨论了税收政策变化对投资总量的影响；Auerbach 和 Slemrod（1997）整体评价了美国税制改革经济效应。近期的文献，如 Hamaaki（2008）讨论了日本的所得税制改革对不同行业投资行为的作用；Kasahara 等（2013）讨论了日本的研发税收激励政策对企业研发行为的影响，结果发现政策对企业研发存在显著的激励作用。James（2012）结合行为经济学理论探讨了英国的两次税制改革的经济效应。此外，Harberger（1959，1962）建立了一个静态理论模型，用以研究税收对经济的影响，之后众多文献也基于此，使用可计算一般均衡模型对所得税制度改革的经济效应进行了分析和评价（Shoven and Whally，1984；Meagher，1991；Strulik，2003 等）。但是该方法存在与最优税制理论同样的问题，即在相关的假设下进行模型的设定和理论分析，从而在一定程度上会影响模型结果的实际应用价值。

第二节　微观企业投资与创新行为研究现状

从 Fisher（1930）开创性地根据企业利润最大化得出资本需求的边际

条件之后，关于企业投资的理论研究开始逐步成熟与发展起来，形成了包括新古典投资需求理论、托宾（Tobin）q投资理论以及加速器投资理论等一系列投资理论模型。

一、投资理论综述

（一）费雪（Fisher）投资理论和凯恩斯（Keynes）投资理论

Fisher（1930）提出了利息第二近似理论，其中，将企业的投资决策设定为一个跨期问题，在考虑了企业投资行为为未来带来的现金流之后，认为企业的最优投资决策应该满足投资的边际回报等于资本的利率，其中利率就相当于资本的成本。

Keynes（1936）（第11章）中也提出了类似的理论，指出了企业的投资与利率的关系。他认为企业在投资项目的决策中，主要考虑在面对一个给定的外在的利率水平下（资本成本），根据其投资项目可以带来的内部回报率是否比利率水平高来决定是否进行投资。因此在存在无穷多个投资项目，并且在连续的假设下，可以使用边际条件进行表示，即资本的边际回报要等于利率水平。他将内部回报定义为资本的边际收益率，即为使资本资产的期望年金收益恰好等于其供给价格的折现率。因此该"内部回报率"就相当于投资品在未来能够为企业带来的收益相对于其自身的供给价格（支出）的一个回报率。其中投资品的价格也并非市场价格，而相当于资本品的重置价格。

费雪投资理论和凯恩斯投资理论的区别主要在于它们对投资中的风险与不确定性的理解不同，因此在对未来的收益计算现值时，其使用的期望算子也不同。凯恩斯并没有将投资作为一个通过投资调整实现均衡资本需求量的过程，而费雪以及与其具有相同观点的Hayek（1941）则认为投资是通过一个最优调整路径最终实现最优资本存量的过程。

随着费雪投资理论和凯恩斯投资理论的出现，现代投资理论也不断丰富，多数理论是在费雪和凯恩斯的观点基础上提出的。投资行为为企业带来的现金流的净现值被作为了一个统一的标准。主要理论包括

Jorgenson提出的新古典投资理论、加速器投资理论，以及托宾的 q 理论。

（二）新古典投资理论

Jorgenson（1963，1967，1971）通过一个企业面临的优化问题提出了新古典投资理论。根据每一期的利润最大化目标，企业都会有一个最优的资本需求量。在假设生产函数为传统的 Cobb – Douglas 形式的前提下，通过将企业的利润表示为产出与资本和劳动投入以及相应的产品和要素价格的函数之后，建立了动态的优化问题，通过使企业未来利润的现值最大化，企业的资本存量最优，发现最优资本存量决定于企业的产出、产出品的价格，以及资本的使用成本。Jorgenson 在资本的使用成本中包含了资本品的经济折旧、利率（融资成本）以及资本品的价格变化因素。这在一定程度上对费雪和凯恩斯的理论进行了扩展。但是需要注意的是，该理论是对最优资本存量的分析，而且假设企业的投资为企业对当期的资本存量根据最优需求量进行的直接调整，而忽略了企业对最优资本需求的调整事实上是存在一定的过渡期的，即资本的调整其实是一个动态的过程，因此，该理论事实上是一个资本需求理论，而非投资理论（Eklund，2013）。

（三）加速器投资理论

加速器投资理论是与凯恩斯的投资理论有着一定的类似之处的：这两个理论都假设了固定价格，即资本品的价格以及利率（资本成本）都为常数。虽然加速器投资理论最早是由 Clark（1917）提出的，并由 Sam-uelson（1939）将其应用于对商业周期的研究中，该理论在给定生产技术、利率等外生条件的基础上，推导出均衡的最优长期的资本需求量；但是事实上，加速器投资理论其实是新古典投资理论的一种特殊情况，即将 Jorgenson（1963）中资本使用成本中的资本品价格以及利率假设为常数，进而得到的资本需求量是与产出水平成比例的，也就是所谓的加速器原理。此外，在加速器原理中同样假设了投资是企业根据最优需求量对当期的资本存量进行的直接调整。因此，后来的文献（Koyck，

1954）又提出了灵活的加速器模型（Flexible Accelerator Model），考虑了折旧因素，并通过引入滞后项加入了调整系数。Eisner 和 Strotz（1963）通过在加速器原理中引入滞后项，考虑了资本调整过程中资本品的价格变化。但是这样一来，加速器原理与新古典资本需求理论之间也就没有很明显的区分界线了。

（四）托宾 q 投资理论

新古典投资理论与加速器投资理论中存在着两个共同的问题。第一个问题是两个理论中都包含着假设：企业的实际资本存量将通过当期的投资迅速调整为最优资本存量。针对该问题的解决办法则是在企业的优化问题中加入资本调整成本函数（Gould，1968 等）。第二个问题是在两个理论中未来利润（或现金流）期望算子都没有起到作用。而相应的解决办法则是由 Brainard 和 Tobin（1968）以及 Tobin（1969）提出的：其假设企业的投资行为决策将使企业资本的市值与资本的重置成本相同。通过在新古典模型设定的利润函数中加入一个边际资本调整成本函数，然后使用同样的逻辑，该理论推导出与新古典资本需求理论相同的最优资本需求量。不同之处则在于该理论得到的企业投资行为将是根据最优资本需求量进行的一个动态的最优调整过程。简单地说，也就是 q 理论包含了所有新古典理论的假设，但是加入资本调整成本函数，限制了资本的调整速度（投资的速度）。研究发现了一个很有意思的结果——企业的投资行为将会在边际 q 值大于 1 的时候进行，其中边际 q 为资本的边际回报与其重置成本之比，或者可以理解为投资相对于资本机会成本的回报率。因此该理论被称为托宾 q 投资理论。而在实际应用中，通常使用企业资本的市值与账面价值之比来代替边际托宾 q，而事实上该指标相当于平均的 q 值，即资本的平均回报率。Hayashi（1982）证明了平均 q 值只有在一些非常强的假设下才会等于边际 q 值。自从托宾 q 理论被提出后，该理论在实际中也受到了广泛的应用（Malkiel et al.，1979；Chappel and Cheng，1982 等），但在应用中一直存在着较大的争议，主要体现在：一方面，使用 q 理论对企业投资的实证研究结果不太理想；另一方面，

17

争议也来源于 q 理论的前提假设，即资本市场的有效性，而事实上这样的假设就成为了在实际中应用的瓶颈。之后尽管有不少学者对原始的 q 模型进行了一系列修正从而适应现实的资本市场条件，但是学界中仍有众多学者对其持保留意见。

上述的投资理论基本构成了现代企业投资理论的一条技术性路线，之后众多对企业投资行为的研究也多数在这些经典理论的基础上展开。如本章主要关注企业所得税对投资行为的影响问题，从 Hall 和 Jorgenson（1967）根据新古典投资理论建立的企业投资—资本成本模型开始，国外陆续出现的众多文献针对企业所得税制对企业投资行为的影响展开了研究。

二、企业所得税与投资行为的研究综述

（一）理论综述

如上文所提到的，关于企业所得税对投资影响的理论分析，最早是由 Hall 和 Jorgenson（1967）提出的，他们根据新古典投资理论，建立了企业投资—资本成本模型，并在资本成本中考虑了企业所得税因素，认为企业所得税一方面通过对企业所得征税增加投资成本，另一方面通过资产折旧和投资抵免等激励降低投资成本。之后由于托宾 q 投资理论的提出，Aierbach（1979）首次将所得税的影响加入 q 理论中。其考虑了征收所得税会通过对资本收益收税从而影响真实的股本收益这一因素。因此新古典投资理论以及托宾 q 理论也就构成了研究所得税与企业投资行为关系的理论基础。

1. 企业投资—资本成本模型

Hall 和 Jorgenson（1967）根据新古典资本需求理论，在企业的目标为利润最大化的前提下，假设企业面临的产品市场是完全竞争的，认为企业的资本需求量应该满足资本的边际产出等于资本的使用成本这一条件。其中，资本的使用成本相当于假设企业使用自有资本所需支付的利息，并指出企业资本使用成本不仅取决于财务成本，而且依赖于投入与

产出品的相对价格、固定资本的折旧率、企业所得税率以及所得税投资抵免（tax credit）等因素。模型充分考虑了企业所得税制对资本成本的影响，进而反映出所得税制度对企业投资行为的影响作用。

2. 基于托宾 q 投资理论的模型

如上文所述，根据托宾 q 投资理论，Aierbach 在 1979 年首次将所得税的影响加入 q 理论中，研究强调了，即使对于企业来说，存在投资机会，或者说可以带来收益的机会，但是如果对资本的回报征税，将会导致实际的边际 q 值小于 1。也就是说，对于股东来说，资本的回报为 1，但是由于要对这个回报征税，如税率为 τ，那么将导致股东的实际收益只有 $1 - \tau$。因此，通过将所得税的影响加入边际 q 理论中，Aierbach 考虑了企业所得税对投资行为的影响。之后 Summers（1981）以及 Summer 和 Salinger（1983）继续讨论了如何在将税率的影响考虑进来之后对企业的托宾 q 值进行估计。Auerbach 和 Hassett（1992）也在托宾 q 理论的基础上直接将所得税对投资收益的影响考虑进来，通过建立结构模型来分析企业投资的直接影响因素，其中包括资本使用成本和税收政策变化。因此，经过所得税调整的托宾 q 理论构成了研究所得税与企业投资的关系领域中的理论基础。

（二）企业所得税对投资行为影响的实证研究综述

1. 基于企业投资—资本成本模型的实证研究

Hall 和 Jorgenson（1967）在基于新古典资本需求理论提出企业投资—资本成本模型之后，使用时间序列数据检验了：（1）美国 1954 年采用的加速折旧法，（2）1962 年的投资抵免激励政策，（3）1962 年降低机器与设备的折旧年限的政策，这些外生性的税收制度的改革对企业投资的影响。结果表明了政策（1）造成了制造业设备以及建筑类固定资产的投资增加了一倍以上，政策（2）使制造业与非制造业的净投资分别增加了 79% 和 150%，政策（3）同样促进了制造业与非制造业的投资，其增长率分别为 28% 与 55%。

1986 年美国实行了税制改革，这为研究者们提供了进行实证研究的机会，因此众多文献利用此次税制改革讨论了税收制度对企业投资行为的影响。

例如，Cummins 和 Hassett（1992）在投资—资本成本模型基础上，使用美国1970—1989年上市公司的数据，研究了所得税改革对资本成本进而对企业投资的影响；研究证明了资本成本对投资的显著影响，认为1986年的所得税改革因素显著影响了企业的投资成本，因此形成了对机器设备以及房屋建筑物投资的激励作用。

Cummins 等（1994）考虑到已有研究多数使用时间序列数据，可能导致模型存在内生性问题，因此他们通过使用截面数据，考虑了不同类型的资产面临不同的税收政策激励，详细研究了美国1953—1988年所得税政策的变化引起的资本成本和投资的变化情况，发现资本成本对投资具有显著影响；之后 Cummins 等（1995）又通过使用企业层面的微观数据，并且考虑了纳税时的亏损结转，进一步讨论了税收政策变化对投资总量的影响。

Chirinko 等（1999）也通过使用美国上市公司的面板数据展开了对资本成本对企业投资影响的实证研究，其结果同样发现了资本成本对企业投资的负向影响，且估计企业投资的资本成本弹性为 - 0.25。

2. 基于托宾 q 理论展开的实证研究

Summers（1981）以及 Summers 和 Salinger（1983）通过将税率的影响加入对企业托宾 q 值的估计中，使用30家美国企业1959—1978年的数据进行了实证研究，研究结果发现企业投资的变化过程依赖于前期投资形成的折旧对所得税的减免。之后 Downs（1990）的研究发现累积折旧对税收减免的差异导致了 q 值的变化，从而进一步证实了 Summers 的结论。

Elston（1992）使用1975—1989年美国企业的面板数据，同样基于托宾 q 理论，建立了企业的优化行为，并考虑了经过税收调整的企业 q 值，使用与 Summers（1981）类似的估算的方法，同时考虑了企业分红的税收政策，进一步检验了税制改革对企业投资的激励作用。

Auerbach 和 Hassett（1992）在托宾 q 理论的基础上直接将所得税对投资收益的影响考虑进来，通过建立结构模型来分析企业投资的直接影响因素，其中包括资本使用成本和税收政策变化；然后使用美国 1953—1988 年的数据进行了实证研究，分别讨论了税收政策对企业耐用设备和房屋建筑物投资的影响，结果显著地表明了税收改革对企业投资的激励作用。

Cummins 等（1996）基于托宾 q 理论，并对模型中的资本调整成本进行了重新设定，将税收的因素考虑进来，得到了经过税收调整的企业 q 值。在实证研究中他们使用了不同国家的企业面板数据，其中包括英国、美国、法国、日本等 14 个国家，并且考虑了这些国家的税制改革，发现经税收调整后的 q 值对企业投资的影响系数在 0.2 到 0.8 之间，并证明了所得税税率的提高，将会抑制企业的投资倾向。

而在国内的已有文献中，关于所得税改革对投资行为影响的研究则比较少见。我国 2007 年所得税改革则为国内学者提供了一个很好的研究机会，虽然国内也陆续出现了一些讨论所得税制改革对企业财务、管理行为的影响的文献：如王跃堂等（2010）讨论了企业所得税改革对资本结构的影响，王娜等（2013）讨论了所得税改革中涉及的工资薪金"限额抵扣"政策的取消对企业薪酬政策的影响，王跃堂等（2009）研究了所得税率的变化对上市公司盈余管理行为及其市场价值的影响，王永海和刘慧玲（2013）则讨论了所得税率变动对公司风险承受的影响，但是针对所得税改革对企业投资行为影响的研究则至今还非常罕见。刘慧凤和曹睿（2011）通过使用 2004—2008 年的上市公司的数据讨论了所得税制度改革对投资的激励作用，发现了税收对投资影响的不对称性，即所得税率上升的企业投资受到抑制，但所得税税率下降的企业投资却没有明显的增加。该文是国内首次讨论所得税改革对企业投资影响的文章，然而文章中仍然存在着一些可商榷之处，因此该结论仍有待继续讨论。例如，文中使用的方法参考了 Cummins 和 Hassett（1992），其中通过使用预测的企业投资与实际投资之间的差额以及预测的资本成本与实际资本之间的差额来反映所得税改革引起的投资与资本成本的调整，进而通过对调整额进行回归分析得到所得税改革对企业投资的影响，但是由于该文变量的选取缺乏理论支持，而且在模型中需要使用实际值与模型预测值之间的差值，这在一定程度上对模型的设定提出了很高的要求，一旦模型中变量的选取不合理，或者模型设定不合理，将会直接影响到得出的结论。此外，该文还需要假设在研究的时间段内外生的制度环境相对稳定，即假设不存在宏观经济或其他经济面的变化，这样的假设也存在一定的局限性。最后，该文研究的时间跨度为2004—2008年，但是考虑到2008年仅是新企业所得税法开始实施的第一年，一般政策发挥作用通常会存在一定的滞后期，因此该时间段的选取也可能会导致结果不显著，而事实上该文的结论中也确实没有发现新企业所得税法对企业投资的显著激励作用（具体请参见原文）。因此，本书将在已有文献的基础上，针对此次税收改革继续探讨所得税改革对企业投资的影响。

三、关于企业创新行为影响因素的研究综述

Schumpeter（1942）认为只有市场集中度比较高的行业（如垄断性行业）中的大型企业的创新活动才会成为技术进步的主要来源。因此根据他的论断，逐渐发展出一系列假说。但是该假说也迎来了不少争议。下文将首先对根据熊彼特假说提出的市场结构以及企业规模对创新行为的影响展开研究的文献进行综述，然后对从其他角度研究企业创新行为的影响因素的文献进行简要介绍。

（一）企业规模与企业创新

在对熊彼特假说进行实证检验的研究中，多数使用企业层面的截面数据，但是实证结果却五花八门，而且多数无法支持熊彼特提出的观点。例如，一些研究发现了企业规模与研发的倒U形关系（Scherer，1965）。还有一些研究发现在一些较大规模的企业中，并不存在研发与企业规模之间显著的正向关系。之后，Kamien和Schwartz（1982）在考虑了行业因素之后，仍然未发现企业规模对研发投入或者对研发产出的显著性影响。

还有一些研究在一定程度上支持了熊彼特的观点。如Soete（1979）发现在美国的大多数地区，研发投入随着企业规模的增长在扩大，但是

从一些非常大型企业来看，该结论却不成立。Freeman（1982）以及 Rothwell 和 Zegveld（1982）指出大多数实证研究只考虑了那些规模较大的企业，这些企业内部所进行的通常是一些比较正式和规范的研发行为。而那些小规模企业通常只会开展一些小型的研发活动，此时企业规模可能会对研发有一定的影响，因此小企业的创新行为反而可能更适用于熊彼特假说。一个可能的解释就是：一旦在实证研究中将那些人多数从事一些非正式的小型研发活动的企业删除，那么必然会影响到结果中企业规模与研发关系的显著性。

然而，在对企业规模与研发产出的关系的研究中，大多数的实证结果同样都无法证实熊彼特假说。如 Acs 和 Audretsch（1987，1990）发现小规模的企业（员工少于 500 人）反而比大规模企业创新成果多。Pavitt 等（1987）将企业按规模分为大型、中型、小型、极小型四类，研究发现在英国大型与小型企业的创新程度要高于中型和极小型企业。因此关于企业规模对研发的影响学界一直未能达成一致认识（Syrneonidis，1996）。

（二）市场结构与企业创新

关于市场结构对企业创新行为的影响，已有的研究通常通过建立市场集中度的衡量指标，然后使用单方程模型分析市场集中度对企业研发行为的影响。但是一些较早期的研究结果并未达成一致（Scherer，1965，1967）。一些结果发现了市场集中度对研发的正向影响，证实了熊彼特假设，但同时也有一些研究结果无法证实该假说。总体来看，在这些研究中，相比其他将研发投入作为研究对象的研究，围绕研发的产出（专利数）展开的研究通常无法得到与熊彼特假说一致的结果。此外，还有一些研究讨论了研发与市场集中度的关系可能会与企业所在行业的特点有关，例如行业中广告投放的密度，或者产品的类型（Shrieves，1978）等。

但是多数研究在控制行业因素后，仍然发现创新与市场集中度之间的关系非常弱，甚至有时候不显著。如 Scott（1984）使用美国商业数据进行研究，发现如果模型考虑了行业以及企业的个体效应，市场集中度与研发投入之间的影响关系就不显著了。Levin 等（1985）发现如果模型加入了行业虚拟变量，市场集中度与研发投入之间的关系体现为倒 U 形，而如果进一步地在模型中加入一系列反映行业间技术机会（technology opportunity）差距的变量，市场集中度与研发投入之间就不存在显著关系。

还有一些文献考虑到市场结构的内生性，在研究中讨论了市场结构与企业创新的双向因果关系，然而研究结果同样无法达成一致（Farber，1981；Lunn，1986；Levin and Reiss，1988）。特别有意思的是，Lunn 在研究中发现市场集中度与企业的创新投入之间存在着显著的双向因果关系，但是该影响关系在市场集中度与企业的创新产出（专利）之间却不存在。

综上所述，在一些早期的实证研究中，多数研究围绕熊彼特假说，对企业规模和市场结构对企业创新的直接影响进行了实证分析，但研究结果却未达成一致，且多数研究结果无法支持熊彼特提出的观点。由于该类研究均为直接检验企业规模与市场结构对创新的影响，而忽略了在其背后的实际影响机制，之后也有不少研究针对一些特定的假说，讨论企业规模与市场结构对企业创新的实际影响机制。

（三）企业规模、市场结构对企业创新的影响机制

在一些关于企业规模与市场结构对企业创新影响机制的讨论中，主要观点包括：（1）研发投入通常需要较高的固定成本投入，因此只有规模大的企业才有能力实施；（2）在创新活动的生产过程中通常存在着规模经济；（3）对于产品多样化的企业来说，它们将更有可能开展一些具有不可预见性的创新活动；（4）大型企业可以同时开展多个研发项目，从而降低研发活动中存在的风险；（5）大型企业面临的外部融资约束较低；（6）具有较强市场力的企业有能力通过内部融资开展研发活动；（7）市场力较高的企业面临较好的研发环境，能够较容易地将研发成果转化为企业的实际经济收益。因此也有不少文献对这些机制进行分析，从而对熊彼特假说进行验证。

Cohen 和 Klepper（1996）以及 Cohen（1995）从企业一般使用自己

的生产资源来开展创新活动和企业的规模限制了企业的生产力水平这两个角度证实了机制（1）的作用。而在关于研发活动规模效应的研究中，Hausman 等（1984）通过使用 1968—1974 年美国 124 家企业的数据，发现了研发与专利产出的关系中规模报酬递减的现象。Acs 和 Audretcsh（1991）通过使用美国 732 家企业的数据也发现了类似的结论。

关于企业产品多样化对创新活动的影响作用可以分为三个方面：一是产品多样化程度较高的企业可以通过不同研发项目之间存在的溢出效应受益；二是产品的多样化可以让企业有机会获得更多的单一产品线以外的新知识与技术；三是产品多样化的企业可以同时进行多个研发项目，从而分散风险。因此在实证研究中也有不少文献对企业产品的多样化对研发活动的直接影响进行分析（Kamien and Schwartz，1982；Cohen and Levin，1989），但是仍然没有形成一致的结论。考虑到研究中可能忽略了产品多样化中包含的行业特征或者产品生产线的影响，之后也有不少研究致力于解决这一问题。如 Scott（1993）通过将企业样本分为"有目的性地"多样化和"无目的性地"多样化两类，其中第一类企业包括了产品均属于相关产业的企业，而后者则包括了产品属于不相关产业或者没有多样化的企业。通过对样本进行分类，研究结果证实了产品多样化对研发的影响机制成立。

在关于融资约束与企业创新的研究中，研究结果比较一致。多数研究认为企业创新的资金来源通常都是内部融资，因此一些小规模企业由于其生产与销售规模较低，从而内部资金无法支持其实施一些大规模的研发活动。主要研究包括：Hall（1992）使用美国 1678 家企业的面板数据研究了企业的研发与融资来源，发现研发密度越高的企业，其负债水平越低；Oakey 等（1988）对美国和英国的 130 家高新技术小型企业进行比较研究，发现超过 2/3 的企业开展投资与创新的资金来源都是企业自身利润。由此相关文献又进一步展开了对企业的现金流对研发活动影响的分析。如 Hall（1992）发现了企业的现金流占总资本的比率与研发投入占总资本额的比率存在着显著的正向影响；Himmelberg 和 Petersen（1994）使用 1983—1987 年 179 家企业的数据也同样发现了现金流对研发投入的显著的正向影响。总体来说，多数研究都发现了融资约束会影响小企业以及市场力比较低的企业的创新活动，这也在一定程度上支持了熊彼特假说。

对于市场力较高的企业面临较好的研发环境，能够占用研发活动的产出（如专利技术），并将其转化为企业的实际经济收益这一观点，实证研究中却没有得到一致的结论（Cohen，1995；Syrneonidis，1996）。

（四）其他角度研究企业创新行为影响机制

除了对熊彼特假说提出的企业规模与市场结构对企业创新行为的影响机制的直接研究，也有一些文献直接基于企业面临的市场结构以及创新过程，通过构建理论模型展开分析。这些研究跳开了熊彼特假说的论点，而讨论了一些如技术、企业面临的需求市场特点、企业间策略性互动等因素在企业研发行为中起到的作用。值得一提的是 Lee（2003）的研究，该研究指出了大部分的研究主要缺乏一个合理规范的理论结构，从而无法得到统一的结论，因此为了更合理地研究企业研发行为的内在影响机制，通过建立模型推导出企业在决策中面临的优化问题，从而得到企业的最优研发投入水平。研究发现了影响企业创新主要因素包括：（1）研发的成本结构以及边际成本效应；（2）消费者对产品质量以及产品价格的偏好；（3）企业研发活动的产出效率水平，即研发投入的技术产出弹性。这也验证了研发行为的需求拉动论以及技术推动论。本书第五章将参考 Lee 的研究，并结合中国工业企业的特点，建立企业创新行为影响机制模型。

四、关于创新绩效的研究综述

企业的创新活动将会为企业带来多大的收益呢？它将在多大程度上促进企业生产，从而促进经济发展呢？这是国内外学界关注的重点内容。因此国内外学者展开了一系列的研究，主要包括企业创新对其直接产出（包括专利与新产品）的绩效，以及企业创新对企业生产（通常用产出增加值来衡量）的绩效。

例如，Pakes 和 Griliches（1980）以及 Hausman 等（1984）将专利产出作为研究对象，讨论研发投入对专利产出的影响。Pakes 和 Griliches 使用美国 121 家公司 1968—1975 年的专利与研发投入数据，用简单的 OLS 方法估计研发的专利产出弹性。Hausman 等结合了专利数为离散型随机变量的特征提出泊松模型，利用美国 128 家公司 1968—1974 年的数据，对研发投入对专利产出的边际贡献进行估计。这些在国际上具有重要影响的文章对于厘清企业研发投入的内在机制具有重大意义。但这些研究也存在一定的不足，例如，作为研发载体的企业科研人员（或人力资本投入）这一重要的影响因素被忽略了；企业的研发行为本身是企业的自主选择行为，如果实证分析不考虑自选性，将会导致严重的内生性问题，而已有的许多研究并未注意到这样的问题。当然，工具变量被普遍用来解决内生性问题是从 20 世纪 90 年代初才开始的，它们被应用于实证研究，我们不能太苛求于这些作者。国内也有类似文献，如朱平芳和徐伟民（2005）讨论了工业企业获得的专利数与研发经费投入之间的关系，沿用的方法主要参考 Hausman 等（1984）。此外，针对已有研究中人力资本这一重要的影响因素被忽略的问题，冒佩华和周亚虹等（2011）针对这一问题作了改进，讨论了研发活动中人力资本的作用。

也有一些文献将新产品开发及产出情况作为研究对象，如 Crépon 和 Mairesse（1998）、Pellegrino 等（2011）都使用了企业的新产品开发或者销售情况研究企业的创新能力。在国内，由于专利数据的保密性，研究者较难获取企业的专利数，大部分文献主要将研究对象集中在研发对新产品产出的影响上。如朱有为等（2006）运用随机前沿生产函数，将新产品销售收入作为研发活动的产出指标，将研发资本投入以及研发人员作为投入指标，测算和估计了中国高新技术产业创新效率；冯根福等（2006）采用类似的方法，但选用的研发活动产出指标为新产品开发数量，投入指标为研发经费筹集总额和技术人员数量，他们的研究发现中国工业行业研发的效率比较低；范红忠（2007）拓展了新产品的内涵，认为新产品应包括新消费品、新资本品、新材料和新中间投入品，在提高老产品质量和生产效率的新工艺中，大多数会用到一些新资本品、新材料和新中间投入品；在此基础上，张海洋和史晋川（2011）提出工业自主创新能力最终体现在新产品上，新产品技术效率是衡量自主创新效率的有效标准，并通过方向性距离函数对新产品技术效率进行测算，从而分析了研发投入对该新产品技术效率的影响。不难看出，上述研究将专利及新产品开发情况作为创新活动的产出衡量标准，对研究企业的创新能力具有一定的指导意义。

关于研发投入对企业产出影响的研究在国外已有较长的历史。Griliches（1979）提出将研发投入作为一项生产投入要素放在生产函数中，并且将其解释为企业的一项知识资本，从而研究研发对生产率的影响。之后许多文献在此基础上展开实证研究，如 Griliches 和 Mairesse（1984）、Griliches（1986）、Cuneo 和 Mairesse（1984）、Hall 和 Mairesse（1995）等。近期也有众多文献沿用了这一经典模型展开了更深入的研究，例如 Bloom 和 VanReenen（2002）以及 Griffith 等（2006）使用了英国企业的数据估计了研发的产出弹性等。相对来说，国内关于这方面的文献体系并不十分成熟，当然也有部分文献从相似角度进行研究，如陆国庆（2011）对中国中小板上市公司产业创新的绩效研究，选用了公司主营业务利润作为企业经营业绩和创新绩效的综合反映指标，将其作为被解释变量，同时选取了许多其他因素作为解释变量，运用计量方法对模型进行估计，得到了研发活动对企业业绩的影响。但是笔者认为该文的模型设定、数据处理、估计方法等可能存在一些值得商榷的地方。例如，模型设定中将主营业务利润作为企业经营业绩和创新绩效的反映指标，而国外许多主要文献如 Hall 和 Mairesse（1995）、Crépon 和 Mairesse（1998）等都将增加值作为因变量，而且根据前文对自主创新的定义，使用增加值作为研究对象更为合理；此外，该文的模型解释变量包括了诸多因素，但是许多因素的加入可能由于篇幅的限制，没有作进一步说明，如：（1）模型设定中将主营业务利润作为企业经营业绩和创新绩效的反映指标；而我们认为企业研发活动形成的技术累积将直接作用于生产过程，国外许多主要文献如 Hall 和 Mairesse（1995）以及 Crepon 和 Mairesse（1998）等都选择通过对生产函数进行估计研究企业的创新绩效，其中将工业增加值作为因变量，因此在模型选择方面或许后者更为合理。(2) 该模型解释变量包括了诸多因素,但是许多因素的加入缺少理论支持,例如企业托宾 q 值,读者可能无法明白 q 值如何直接对企业业绩产生影响;同时将专利数与研发投入作为解释变量,但是专利数本身应该作为研发投入的产出,这样的处理可能会影响估计结果的解释力度;此外,比较重要的问题是该文章仅将当期的研发投入作为解释变量引入模型中,但是企业的研发行为本身是存在累积效用的,即当年的研发投入不只对当年的产出产生影响,而是会有技术水平的累积,对未来期间的生产水平存在累积影响,该文章这样的处理会导致对研发活动绩效的低估。(3) 该文章选用了中小板上市公司作为研究样本,但是上市公司创新投入产出指标属于非指定公开披露信息,因此在数据处理中,剔除了没有或者缺少创新投入产出数据的企业,这样的处理会产生样本选择偏差,但是在模型估计中却未对此作出相应的处理修正。(4) 该文章使用的是 2006 年、2007 年、2008 年三年的数据资料,这样的数据结构应该可以通过使用面板数据模型以更好地控制个体效应,但是该文章却使用三年的数据分别对模型进行回归,这些问题都有待改进。因此本书第六章将针对这些已有文献的不足展开对企业创新的产出绩效的研究。

第三节　税收政策变化影响企业行为的研究现状

在我国,随着所得税改革的不断深入,特别是 2008 年新企业所得税法的实施,学者们也越来越多地开始对我国企业所得税制度展开分析与评价。相比而言,国内对所得税制度经济效应的研究主要集中在宏观分析。例如,程凌(2007)、程凌等(2008)分别通过可计算一般均衡模型从宏观角度分析了 2008 年税收政策变化对税收和社会福利,以及财政盈余、投资、消费等的影响。严成樑和龚六堂(2012)基于一个资本积累与创新相互作用的内生增长模型,模拟估算了中国税收政策的经济增资效应和社会福利损失,发现征收企业所得税的经济增长效应较小,而相应的社会福利损失较大。而从微观角度分析和评价所得税制改革的经济社会效应的研究还比较罕见。企业层面的研究多数是从企业财务、会计等角度入手，分析所得税制度的改革对企业财务、管理行为的影响。如王跃堂等（2010）讨论了企业所得税改革对资本结构的影响；王娜等（2013）讨论了所得税改革中涉及的工资薪金"限额抵扣"政策的取消对企业薪酬政策的影响；王跃堂等（2009）、李增福等（2011）分析了新所得税法颁布之后企业基于避税目的的盈余管理活动；王永海和刘慧玲（2013）则讨论了所得税率变动对公司风险承担的影响。所得税制度的经济效应相关研究中比较多见的是对企业实际税负的讨论。继王延明（1999，2003）最初探讨上市公司实际税负问题之后，吴联生（2009）研究了我国国有股权与公司税负之间的关系以及税收优惠对国有股权与公司税负关系的影响；李增福（2010）、李增福和徐媛（2010）以 2008 年新所得税法的实施为背景，研究了在所得税率降低、优惠政策改变之后，上市公司实际所得税负的总体变化情况，并在此基础上，对产业、区域间的实际税收负担做了进一步的分析与比较。国内研究中另一个受到较多关注的问题是"两税合一"税收制度改革分别对内资、外资企业投资的影响（李嘉明和甘慧，2007；李成，2008；沈小燕等，2011 等）。其中，李嘉明和甘慧（2007）还进一步讨论了税制改革促进企业人力资本投资、优化投资结构方面的作用。此外，也有文献讨论了税收优惠制度对企业研发创新，以及对相关扶持行业企业投资生产等行为的激励作用（柳剑平等，2005；谭光荣和黄慧，2010；娄贺统和徐浩萍，2009；李华和宋常，2013；杨杨等，2013），但相对来说这方面的文献还是比较少见的。

已有文献的研究为企业所得税制度的规范和完善提供了重要的指导，但是从微观层面对我国企业所得税制度的经济效应，特别是对相关优惠扶持政策的经济效应的研究体系还有待完善。正如谭光荣和黄慧（2010）所指出的，我国当前对企业所得税税收效应的研究呈现几大特点：一是税制研究多于减免税优惠政策研究；二是减免税优惠政策理论研究多于政策执行效应研究；三是整体税种减免优惠政策的研究多于单一税种效应研究；四是多行业研究多于单行业研究；五是宏观经济分析研究多于微观效应研究，且时间段集中在两税合并前。因此，本书将着重从微观视角入手，并基于 2008 年开始实施的所得税制改革以及各项优惠扶持政策规范，分析我国的企业所得税制度对企业相关行为的影响作用，评价我国的所得税改革进程中制度的不断完善、相关优惠扶持政策的逐步规范在维护市场统一、促进社会公平、优化资源配置，以及转变经济增长方式、优化产业结构方面的作用。对中国来说，在当前的经济转型关键时刻，除了效率与公平之外，资源优化配置、经济增长方式转变、产业结构优化升级已逐渐成为国家经济发展中的重要问题。本书的研究不仅有助于继续完善企业所得税制度的经济社会效应研究体系，还将为我国企业所得税改革路径提供更多的微观证据，为未来企业税制改革方向的确立提供一定的借鉴价值。

第三章 平均处理效应的半参数估计

第一节 引 言

众所周知，政策评价是近年来经济学的重要研究课题。原因在于人们的经济行为总是受到相关政策和法规的约束，例如，在经济和金融领域（如劳动经济学、证券市场）中有很多政策与法规，这些政策和法规对经济的影响如何？如何较为准确地量化评价这些政策与法规对经济某些方面的作用无疑是经济学中的重要课题。这就相应地对计量模型提出了较高的要求。处理效应作为研究这类问题的量化分析工具，在政策评价等问题中起着关键的作用，成为目前计量经济学界的重点领域之一。

国际上研究处理效应的相关文献较多（Rosenbaum and Rubin，1983；Heckman，1992，1997；Imbens and Angrist，1994）。在国内，现有的政策研究主要是应用国际上已有的理论成果来讨论中国问题，而且相关成果并不多（李雪松和赫克曼，2004；许玲丽等，2012；周亚虹等，2012）。本章将针对平均处理效应的估计展开，在较弱的模型假定下，提出一个基于随机系数内生哑变量模型的平均处理效应的半参数估计方法。本方法相较于已有的估计方法具有较强的稳健性。

一般文献在研究处理效应时（Rubin，1974），通常会引入反事实状态，即每个个体都存在两种结果，一种为接受处理的结果，另一种为未接受处理的结果，具体地，用 y_1 表示前者，y_0 表示后者。在实际中，对于同一个个体，我们无法同时观察到 y_1 和 y_0 两种结果，而只能够观察到其中之一（称为反事实状态缺失）。因此对于每个个体来说，如果用 y 表示观测结果，那么 y 可以写为

$$y = y_0 + d(y_1 - y_0) \tag{3.1}$$

其中，d 表示个体是否接受处理效应的虚拟变量。处理此类模型的一种方法是假设所有个体的处理效应相同，为一个常数，即 $y_1 - y_0 = \alpha_0$。因此在常规假设下，（3.1）式就可以表示为一个线形回归模型。此外，考虑到个体在决定是否参与某个项目时，即决定是否接受处理效应时，通常会存在一定的自选性，这就会导致虚拟变量 d 是内生的，此时只要通过引入合理的工具变量即可对处理效应进行估计。而事实上，所有个体的处理效应都相同的假设是非常强的，而且较难符合实际情况。例如，在我们估计某项职业培训对收入的影响作用时，这样的假设意味着对于每个参与人来说，这项培训对他们的作用都是相同的，但是由于不同个体之间存在异质性，这样的不变处理效应的假设就显得不合理了。本书的研究则放松该假设，将 $y_1 - y_0$ 视为随机变量，所关注的是平均处理效应，即 $ATE = E(y_1 - y_0)$，用 α_0 表示。因此，可以写成以下表达式：

$$y_1 - y_0 = \alpha_0 + \varepsilon \tag{3.2}$$

其中，ε 用来表示个体的异质性。其他外生的影响因素用 x 表示，（3.1）式中的 y_0 可以写为

$$y_0 = E(y_0|x) + u_1 = m(x) + u_1 \tag{3.3}$$

将（3.3）式与（3.2）式一起代入（3.1）式可得到：

$$y = m(x) + d(\alpha_0 + \varepsilon) + u_1 \tag{3.4}$$

其中，d 表示个体对是否接受处理（如在上述职业培训的例子中，个人需要自行决定是否接受职业培训）的决策，通常取决于一个潜在的效用函数 $U^* = g(w) - u_2$，效用水平取决于一些其他外生变量以及不可观测的扰动项 u_2。因此，d 可以写为

$$d = \{g(w) - u_2 > 0\} \tag{3.5}$$

本书将讨论如何通过（3.4）式和（3.5）式构成的内生哑变量模型来估计平均处理效应 α_0。以上文的职业培训为例，在该问题中，（3.4）式相当于收入方程，（3.5）式相当于是否报名参加培训的决策方程。特别需要说明的是，根据（3.4）式对模型的设定，培训对收入的影响由两部分构成：一部分为确定性影响（即平均处理效应 α_0）；另一部分为随机性影响（ε），用来反映该职业培训对不同个体具有不同程度的影响作

用，因此该模型还是一个随机系数模型。

Chen（1999）、Chen 和 Zhou（2010）通过对模型中决策方程以及结果方程中的函数形式作参数形式设定，并在误差项满足对称分布的条件下，讨论了这一类模型的估计。但是一旦函数形式的设定与实际情况不符，将导致估计结果的不一致。因此，本书将通过对 Chen 的估计量进行扩展，并放松决策方程以及结果方程的线性函数形式假设，将其设定为非参数形式，提出一个对平均处理效应的半参数估计量。其优点主要是：区别于传统的相关文献（Heckman，1990；Heckman and Robb，1985，1986；Blundell and Powell，2007；Liu et al.，2009），在模型设定中未给出任何参数形式假定，这样就大大地降低了模型错误识别的风险。类似于 Chen（1999）以及 Chen 和 Zhou（2010）的研究，本书将通过假定误差项的对称性分布，使用成对相减的方法来估计所关心的平均处理效应 α_0。

本章余下部分安排如下：第二节对已有文献中对平均处理效应估计的讨论进行梳理；第三节具体介绍模型设定以及给出平均处理效应的估计量；第四节在一些规范的条件下对提出的估计量的大样本性质进行讨论；为了显示本书所提出的估计量的有效性，第五节为蒙特卡罗模拟；第六节为应用实例；第七节进行简要的总结。

第二节　平均处理效应估计的研究现状

在处理效应模型中，通常都会首先引入一个（0，1）型的哑变量来表示个体是否受到处理的影响，然后通过对该哑变量的系数进行估计来研究处理效应。下文将首先对 Rubin（1974）提出的反事实状态研究框架进行介绍，之后的多数文献都是基于该框架提出相应的估计量；其次，将介绍文献中基于可忽略性假设，即假设个体的行为选择只受可观测外生变量的影响（ignorability of treatment conditional on a set of covariates）提出的估计量；由于可忽略性假设比较难符合实际情况，也有一些文献通过建立回归方程，并使用工具变量估计法来解决自选性导致的内生性问题，因此下文第三节将对此类研究进行简要介绍；最后，考虑到处理效应中存在的异质性问题，即不同个体之间处理效应不同，相关文献又在随机系数模型下展开了对平均处理效应的估计，下文第四节将对相关文献进行介绍。

一、反事实状态研究框架和自选问题

在对平均处理效应的估计中，如果可以假设个体是否接受处理效应的 d 是外生的，即它与个体在两种状态下的潜在结果都无关，那么可以根据 $ATE = E(y|d=1) - E(y|d=0)$，然后直接使用样本均值对平均处理效应进行估计。但是这里还有一个重要的问题，即个体通常会自己决定是否接受处理（如职业培训），而他们的决定通常会受到一些因素的影响，其中可能包括他们自己可以预见到的参加该项目将给自身带来的收益，此时，模型中就会存在一个自选性问题，也可以称为处理的非随机性。此时就需要通过作出一些假设来估计平均处理效应。

二、基于可忽略性假设的估计方法

针对非随机处理分配（unrandomization of treatment）的问题，Rosenbaum 和 Rubin（1983）引入了可忽略性假设，即假设个体是否接受处理（treatment）的选择只与一些可观测的外生变量有关，因此在给定这些外生性变量之后，个体的选择 d 就与在两种状态下的潜在结果 y_0 和 y_1 无关了。

事实上，在此假设条件下，可以根据

$$
\begin{aligned}
ATE(x) &\equiv E(y_1 - y_0 | x) = E(y_1 - y_0 | x, w) \\
&= E(y_1 | x, w = 1) - E(y_0 | x, w = 0) \\
&= E(y | x, w = 1) - E(y | x, w = 0) \\
&= r_1(x) - r_0(x)
\end{aligned}
$$

使用非参数估计方法对平均处理效应进行估计（wooldridge，2010）。此外，也可以在可忽略性假设下通过对 y_0 的函数形式进行设定，得到一个关于 d 的线性回归方程（wooldridge，2010），然后使用参数方法估计出平均处理效应。

Rosenbaum 和 Rubin（1983）提出了另外的方法：在可忽略性假设的前提下，提出倾向得分的概念，通过对倾向得分进行匹配来估计平均处理效应。该方法同样属于非参数的估计方法。其中倾向得分指在影响决策行为的外生变量给定的条件下，个体选择接受处理（即 $d = 1$）的概率。关于倾向得分的估计则可以使用参数或者非参数的方法（Powell，1994；Heckman et al.，1997 等）。其中的匹配逻辑是：对于处理组中的个体（即 $d = 1$ 的个体），将控制组（即 $d = 0$ 的个体）中与其倾向得分最接近的个体的实际结果，作为对其反事实状态结果的估计。因此该方法通过匹配解决了反事实状态缺失的问题。Heckman 等（1997）在 Rosenbaum 和 Rubin（1983）的基础上进一步地将倾向得分匹配方法一般化，将该方法发展成为在政策评价中被广泛应用的方法。

此外，Wooldridge（1999）也使用倾向得分提出了一个通过线性回归估计平均处理效应的估计量。该方法通过将倾向得分估计值与表示个体是否接受处理效应的虚拟变量 d 以及常数项一起作为解释变量，观测到的结果 y 作为被解释变量，然后进行线性回归得到的 d 的系数估计值就是对平均处理效应的一致估计。

三、工具变量估计方法

可忽略性假设假设个体是否接受处理的选择只与一些可观测外生变量有关，因此在给定这些外生性变量之后，个体的选择 d 就与在两种状态下的潜在结果 y_0 和 y_1 无关了。而实际中该假设却通常无法得到验证，个体的行为选择通常会受到一些不可观测因素（如能力、性格等）的影响。在放弃了该假设之后，一些文献在假设不变处理效应的前提下，通过构建回归方程，并使用工具变量估计方法对平均处理效应进行了估计。

基于 Rubin 提出的反事实状态框架，文献通过对潜在结果 y_0 进行函数形式设定，然后假设不变的处理效应，即所有个体的处理效应均为一个常数，$y_1 - y_0 = \alpha$，然后就可以得到一个关于 d 的回归方程：

$$y = m(x) + \alpha d + u$$

其中，$m(x)$ 多为线性形式。如果 d 与 y_0 和 y_1 之间存在相关性（内生性），那么就可以将其视为一个内生哑变量回归方程，从而通过使用工具变量就可以得到平均处理效应的一致估计。如 Heckman（1978）、Angrist（1990）、Angrist 和 Krueger（1991）等通过使用工具变量估计平均处理效应。

四、考虑异质性的随机系数内生哑变量模型

为了通过回归方程对平均处理效应进行估计，文献通常需要假设个体间具有相同的处理效应，即 $y_1 - y_0 = \alpha$。而事实上，如本章第一节所述，该假设具有较强的局限性。改进方法为：将 $y_1 - y_0$ 视为随机变量，并对 y_0 作函数设定，再进一步考虑个体对是否接受处理的决策过程，得到如下随机系数内生哑变量模型：

$$y = m(x) + d(\alpha_0 + \varepsilon) + u_1$$
$$d = \{g(w) - u_2 > 0\}$$

针对以上模型，已有文献（Heckman and Macurdy，1986）通过对其中的 $m(x)$ 和 $g(w)$ 进行函数设定，并对 (ε, u_1, u_2) 的联合分布进行参数形式的设定，给出了一个极大似然估计（MLE）的估计量。

此外，Chen（1999）通过假设误差项满足对称分布，而不对分布形式作其他设定，提出一个针对随机系数内生哑变量模型的半参数估计方法。但是，正如其他多数针对离散选择模型的半参数估计，Chen（1999）的估计方法也依赖于对 $m(x)$ 和 $g(w)$ 的单指标模型设定，而这样的设定通常与实际的经济理论不符。Chen 和 Zhou（2010）放松了对 $g(w)$ 的设定，不对其函数形式作任何假定，而依然假设结果方程中的 $m(x)$ 为线性形式，提出了新的估计方法。但是由于该估计方法要求结果方程为线性形式，与放松决策方程中 $g(w)$ 函数形式设定的原因相同，如果结果方程中函数设定错误，将同样导致参数估计的不一致性。因此针对已有文献中的不足，本书将试图在已有研究的基础上，进一步放松模型中的假设来估计平均处理效应。

第三节 模型设定和平均处理效应估计量

根据上文的介绍，主要考虑由（3.4）式和（3.5）式构成的模型：

$$y = m(x) + d(\alpha_0 + \varepsilon) + u_1 \tag{3.4}$$

$$d = \{g(w) - u_2 > 0\} \tag{3.5}$$

其中，x 是由解释变量构成的 K_1 维向量，d 是系数为随机变量（$\alpha_0 + \varepsilon$）的内生哑变量，误差项 u_1 满足 $E(u_1|z) = 0$，z 表示由 x 和 w 中不重复的所有外生变量构成的向量。为了模型识别，我们需要进一步假设 w 中至少包含一个 x 中未包含的解释变量。此外，根据上文的介绍，在模型估计中，将不对 $m(\cdot)$ 和 $g(\cdot)$ 的函数形式进行任何假定。

下文将讨论该模型的估计问题，首先，（3.4）式可以重新写为

$$y = m(x) + d\alpha_0 + d\varepsilon + u_1 \tag{3.6}$$

需要说明的是，由于 d 与 ε 之间可能存在相关性，（3.6）式中可被视为复合误差项的（$d\varepsilon + u_1$）中 $d\varepsilon$ 的条件均值通常不为 0。事实上，如果假设（ε, u_2）与 z 独立，那么 $d\varepsilon$ 的条件均值（通常称为矫正项）可以写为 $E(d\varepsilon|z) = \lambda(g(w))$，然后我们就可以将此项从复合误差中提出来。此时（3.6）式可以写为

$$y = m(x) + d\alpha_0 + \lambda(g(w)) + v \tag{3.7}$$

其中，$v = u - \lambda(g(w))$，$u = u_1 + d\varepsilon$，因此 $E(v|z) = 0$。在相关文献中，一些使用了参数估计方法，对 $g(\cdot)$ 进行函数形式设定，并且对误差项的联合分布进行了参数形式假定（Heckman and Macurdy, 1986），因此得到的 $\lambda(g(w))$ 也是某个参数形式。而 Chen（1999）的研究则使用了半参数的估计方法，将 $g(\cdot)$ 设定为单指标形式，而 $\lambda(\cdot)$ 则不作任何设定，因此得到 $\lambda(g(w)) = \lambda(w'\gamma)$。本书将提出一个新的方法，假设误差项服从对称性分布，而不对 $g(\cdot)$ 和 $\lambda(\cdot)$ 的函数形式作出假定。这样（3.7）式将是一个线性部分包含内生哑变量 d 的局部线性模型。根据 Ahn 和 Powell（1993）、Kyriazidou（1997）以及 Powell（1987）提出的方法，可以通过使用 w 与 x 的取值相同的个体，例如，如果对于个体 i 和 j，具有

$w_i = w_j$ 且 $x_i = x_j$，那么可以通过将这组个体进行成对相减，得到如下方程：

$$y_i - y_j = \alpha_0 (d_i - d_j) + (v_i - v_j)$$

进而通过对上述线性模型进行回归，估计平均处理效应 α_0。但是，该处理方法存在的一个主要问题是：如果个体之间 w 取值相同，那么它们在决策方程中给出的参与概率也是相同的，这样就通常会导致这些个体作出相同的决策（除 $P(w) = E(d|w)$ 在 1/2 左右外），即 d_i 与 d_j 相同。因此，这样的直接成对相减在很大程度上不仅会将矫正项 $\lambda(g(w))$ 删除，而且很有可能会同时将 $d\alpha_0$ 也去掉，从而导致相减后得到的方程所包含的信息量的损失，尤其当样本量较小时，这样的处理将直接影响参数的估计。本书将在假设误差项 (ε, u_2) 对称性分布的前提下，提出一个修正后的成对相减机制，以克服上述直接相减的缺陷。

首先，需要给出倾向得分的定义（Rosenbaum and Rubin，1983）：

$$P(w) = E(d|w) = E(d|g(w)) = G(g(w))$$

其中，$G(\cdot)$ 是外生变量 w 给定下 u_2 的条件分布函数。此外，假设 u_2 是连续分布并且在实数轴上具有正的概率密度，意味着 $G(\cdot)$ 是严格单调递增的。此时，$g(w)$ 可以表示为

$$g(w) = G^{-1}(P(w)) \tag{3.8}$$

如此可以将（3.7）式写为

$$y = m(x) + d\alpha_0 + \tilde{\lambda}(P(w)) + v \tag{3.7'}$$

其中，$\tilde{\lambda}(P(w)) = \lambda(G^{-1}(P(w)))$。在 u_2 满足对称性分布的前提下，可以得到：

$$1 - P(w) = 1 - \int_{-\infty}^{g(w)} f(u_2) du_2 = \int_{g(w)}^{+\infty} f(u_2) du_2$$

$$= \int_{-\infty}^{-g(w)} f(u_2) du_2 = G(-g(w))$$

因此

$$-g(w) = G^{-1}(1 - P(w)) \tag{3.9}$$

且

$$\lambda(g(w)) = E(d\varepsilon | w) = \int_{-\infty}^{+\infty} \int_{-\infty}^{g(w)} \varepsilon f(u_2, \varepsilon) du_2 d\varepsilon$$

$$= \int_{-\infty}^{+\infty} \int_{-\infty}^{-g(w)} \varepsilon f(u_2, \varepsilon) du_2 d\varepsilon$$

$$= \lambda(-g(w))$$

故根据 (ε, u_2) 的对称性，可以推出：

$$\tilde{\lambda}(P(w)) = \lambda(g(w)) = \lambda(-g(w))$$

$$= \lambda(G^{-1}(1 - P(w))) = \tilde{\lambda}(1 - P(w)) \qquad (3.10)$$

根据（3.10）式不难发现，对于个体 i 和 j，如果它们的倾向得分满足 $P(w_i) + P(w_j) = 1$，那么它们将具有相同的矫正项。因此，如果能找到这样的一组个体，同时满足 $P(w_i) + P(w_j) = 1$ 和 $x_i = x_j$，那么 $(3.7')$ 式中的矫正项 $\tilde{\lambda}(P(w))$ 以及非参数方程 $m(x)$ 将在成对相减过程中被删除，然后得到如下的线性方程：

$$y_i - y_j = \alpha_0(d_i - d_j) + (v_i - v_j) \qquad (3.11)$$

而通过这样的成对相减，由于

$$E(d_i - d_j | w_i, w_j, P(w_i) + P(w_j) = 1) = 2P(w_i) - 1$$

通常不为 0（除 $P(w_i) = 1/2$ 外），并不会如同上文所述，使用直接相减导致哑变量 d 同时被减去，造成信息的大量损失。

基于上述逻辑，本书将提出一个对处理效应的半参数估计量。考虑到（3.11）式中 d 与 v 之间可能存在的相关性，需要使用倾向得分 $P(w)$ 作为 d 的工具变量，因此首先假设 $P(w)$ 已知，进而使用加权工具变量估计法给出平均处理效应 α_0 的半参数估计量 $\tilde{\alpha}$：

$$\tilde{\alpha} = \tilde{S}_{qq}^{-1} \tilde{S}_{qy} \qquad (3.12)$$

其中，

$$\tilde{S}_{qq} = \frac{2}{n(n-1)} \sum_{i<j} (P(w_i) - P(w_j))(d_i - d_j)$$

$$\frac{1}{h_1} K_1 \left(\frac{P(w_i) + P(w_j) - 1}{h_1} \right) \frac{1}{h_2^{K_1}} K_2 \left(\frac{x_i - x_j}{h_2} \right)$$

$$\widetilde{S}_{qy} = \frac{2}{n(n-1)} \sum_{i<j}^{n} (P(w_i) - P(w_j))(y_i - y_j)$$

$$\frac{1}{h_1} K_1 \left(\frac{P(w_i) + P(w_j) - 1}{h_1} \right) \frac{1}{h_2^{K_1}} K_2 \left(\frac{x_i - x_j}{h_2} \right)$$

该估计量中通过使用 Kernel 权重 $K_1 \left(\dfrac{P(w_i) + P(w_j) - 1}{h_1} \right)$ 和

$K_2 \left(\dfrac{x_i - x_j}{h_2} \right)$ 为 $|P(w_i) + P(w_j) - 1|$ 和 $|x_i - x_j|$ 值较大的组合赋予较小

的权重。

需要注意到，由于事实上倾向得分 $P(w)$ 是未知的，上述估计量并不是可行的，我们还需要首先对 $P(w)$ 进行估计。本书将使用 Nadaraya – Watson Kernel 非参数估计方法：

$$\hat{P}(w_i) = \frac{\dfrac{1}{n-1} \sum_{j \neq i} d_j K_0 \left(\dfrac{w_j - w_i}{h_0} \right)}{\dfrac{1}{n-1} \sum_{j \neq i} K_0 \left(\dfrac{w_j - w_i}{h_0} \right)} \qquad (3.13)$$

其中，$K_0(\cdot)$ 是 Kernel 函数，h_0 是非参数估计的窗宽，对于 $K_0(\cdot)$ 和 h_0 应该满足的条件将在本章下一节给出。因此，在对称性假定下提出的两阶段估计量为

$$\hat{\alpha} = \hat{S}_{qq}^{-1} \hat{S}_{qy} \qquad (3.14)$$

式中，

$$\hat{S}_{qq} = \frac{2}{n(n-1)} \sum_{i<j}^{n} I(w_i) I(w_j) (\hat{P}(w_i) - \hat{P}(w_j))(d_i - d_j)$$

$$\frac{1}{h_1} K_1 \left(\frac{\hat{P}(w_i) + \hat{P}(w_j) - 1}{h_1} \right) \frac{1}{h_2^{K_1}} K_2 \left(\frac{x_i - x_j}{h_2} \right)$$

$$\hat{S}_{qy} = \frac{2}{n(n-1)} \sum_{i<j}^{n} I(w_i) I(w_j) (\hat{P}(w_i) - \hat{P}(w_j))(y_i - y_j)$$

$$\frac{1}{h_1} K_1 \left(\frac{\hat{P}(w_i) + \hat{P}(w_j) - 1}{h_1} \right) \frac{1}{h_2^{K_1}} K_2 \left(\frac{x_i - x_j}{h_2} \right)$$

其中，$I(w)$ 作为一个修正因子是为了解决"边界偏差"的问题。

第四节 估计量的大样本性质

本节将对（3.14）式给出的估计量的渐近性质进行分析，首先需要给出如下假设条件。

假设1：（3.4）式和（3.5）式中变量构成的向量 $\xi_i = (y_i, x_i', d, w_i')$ 满足独立同分布（i.i.d.），且各自都存在有限四阶矩。z 表示 x 与 w 中未重复的变量构成的向量，误差项 (ε, u_2) 与 z 独立，其分布为连续分布，关于原点对称 $[$ 即 $f(\varepsilon, u_2) = f(-\varepsilon, -u_2)]$，并在实数空间 R^2 上具有正的概率密度。

假设2：（i）w 服从连续分布，其密度函数表示为 $p(w)$，且边界调整因子 $I(w)$ 非负。（ii）对于任意 w 取值，都有 $0 < P(d = 1 | w) < 1$。

假设3：$E(I | x, P(w), \tilde{\lambda}(P(w)))$ 以及 $(x, P(w))$ 的联合密度函数 $p(x, P(w))$ 关于 $P(w)$ 是 $s + 1$ 阶连续可微，而且其本身及其偏导数均为一致有界的。

假设4：（3.13）式给出的对倾向得分 $P(w)$ 的非参数估计中的 Kernel 函数 $K_0(\cdot)$ 需满足：

（i）$K_0(u)$ 是对称且二阶可微，其一阶和二阶导数均为一致有界的；

（ii）$\int K_0(u) du = 1$；$\int u_1^{l_1} u_2^{l_2} \cdots u_{K_2}^{l_{K_2}} K_0(u) du = 0$，其中 $0 < l_1 + l_2 + \cdots + l_{K_2} < s$。

假设5：（3.14）式中的 Kernel 函数 $K_i(\cdot)$ $(i = 1, 2)$ 满足：

（i）$K_i(u)$ 是对称函数满足二阶连续可微，且其支撑集为紧集；

（ii）$\int K_i(u) du = 1$；$\int u^l K_i(u) du = 0$，其中 $0 < l < 4$。

假设6：窗宽需满足当 $n \to \infty$ 时，$h_1 \to 0$，$h_2 \to 0$，且满足：

（i）$\delta_n h_1^{-2} h_2^{-K_2} \to 0$，其中 $\delta_n = h_0^s + (\ln n)^{1/2} / (n h_0^{K_1})^{1/2}$；

（ii）$n^{1/2} h_1^{-3} h_2^{-K_2} \delta_n^2 \to 0$；

（iii）$n h_1^8 \to 0$，$n h_2^8 \to 0$。

假设 7：S_{qq} 非奇异。S_{qq} 是如此定义的：

$$S_{qq} = EI(w_i)g_1((1 - P(w_i)), x_i)(2P(w_i) - 1)^2 p((1 - P(w_i)), x_i)$$

其中，$g_1 = E(I(w) | x, P(w))$。

以上假设是在非参数估计中的标准假设，将被用来证明估计量的渐近性质。假设 1 主要描述了数据生成过程，同时假定了误差项的对称性分布，其中误差项与回归变量互相独立的条件可以被进一步放松，例如，可以假设条件密度函数 $f(\varepsilon, u_2 | z)$ 对 z 的依赖性仅通过 $g(w)$ 实现。假设 2（i）是模型识别的常规性条件；通过对 Kernel 函数进行调整，该条件还可以进一步放松成离散形式；假设 2（ii）是用来对倾向得分进行成对匹配的。假设 3 中的限制将被用来推导估计量的大样本性质。本书将使用假设 4 和假设 5 中的高阶 Kernel 来减少估计偏差。假设 6 是保证估计量一致性以及渐近正态性的充分条件。假设 7 是半参数估计中使用工具变量法的标准性条件。根据以上假设条件，可以证明以下定理成立。

定理：在假设 1 至假设 7 成立的条件下，$\hat{\alpha}$ 是平均处理效应 α_0 的一致性估计量，并且具有渐近正态性：

$$\sqrt{n}(\hat{\alpha} - \alpha_0) \rightarrow_d N(0, \textstyle\sum)$$

其中，

$$\sum = 4E[(\tau_0(\xi_i) + 2\tau_1(\xi_i))^2]/S_{qq}^2$$

$$\tau_0 = I(w_i)g_1(1 - P(w_i), x_i)(2P(w_i) - 1)$$

$$(u_i - \tilde{\lambda}(1 - P(w_i)))p(x_i, 1 - P(w_i))$$

$$\tau_1(\xi_i) = I(w_i) \times \tilde{\lambda}'(1 - P(w_i))(d_i - P(w_i))p(x_i, P(w_i))$$

且 $\tilde{\lambda}'(\cdot)$ 是 $\tilde{\lambda}(\cdot)$ 的导数。

证明 1：一致性证明。

首先，对于任意一组个体 (i, j)，有：

$$y_i - y_j = m(x_i) - m(x_j) + (d_i - d_j)\alpha_0 + u_i - u_j$$

其中，$u_i = d_i\varepsilon_i + u_{1i}$，因此，

$$\hat{\alpha} - \alpha_0 = \hat{S}_{qq}^{-1}\hat{S}_{qu} \tag{3.14'}$$

此处

$$\hat{S}_{qu} = \frac{2}{n(n-1)} \sum_{i<j} I_i I_j (\hat{P}(w_i) - \hat{P}(w_j)) [(m(x_i) - m(x_j)) + (u_i - u_j)]$$

$$\times \frac{1}{h_1} K_1 \left(\frac{\hat{P}(w_i) + \hat{P}(w_j) - 1}{h_1} \right) \frac{1}{h_2^{K_1}} K_2 \left(\frac{x_i - x_j}{h_2} \right)$$

为了推出估计量的一致性，定义：

$$S_{qq}^1 = \frac{2}{n(n-1)} \sum_{i<j} I_i I_j (P(w_i) - P(w_j)) (d_i - d_j)$$

$$\frac{1}{h_1} K_1 \left(\frac{P(w_i) + P(w_j) - 1}{h_1} \right) \frac{1}{h_2^{K_1}} K_2 \left(\frac{x_i - x_j}{h_2} \right)$$

需要注意到：

$$\| \hat{S}_{qq} - S_{qq}^1 \| \leqslant \frac{2}{n(n-1)} \sum_{i<j} \| I_i I_j [(\hat{P}(w_i) - \hat{P}(w_j))$$

$$K_1 \left(\frac{\hat{P}(w_i) + \hat{P}(w_j) - 1}{h_1} \right) - (P(w_i) - P(w_j))$$

$$K_1 \left(\frac{P(w_i) + P(w_j) - 1}{h_1} \right)] \frac{1}{h_1 h_2^{K_1}} K_2 \left(\frac{x_i - x_j}{h_2} \right) (d_i - d_j) \|$$

$$(3.15)$$

根据 Newey（1994）中的引理 B. 1（Lemma B. 1），对于任意 w_i，如果满足 $I(w_i) > 0$，那么：

$$\sup \| \hat{P}(w_i) - \hat{P}(w_j) \| = O_p ((\ln n)^{1/2} / (n h_1^{K_2})^{1/2} + h_1^s)$$

观察（3. 15）式右边部分，有：

$$(\hat{P}(w_i) - \hat{P}(w_j)) K_1 \left(\frac{\hat{P}(w_i) + \hat{P}(w_j) - 1}{h_1} \right)$$

$$- (P(w_i) - P(w_j)) K_1 \left(\frac{P(w_i) + P(w_j) - 1}{h_1} \right)$$

$$= \left(K_1 \left(\frac{P(w_i) + P(w_j) - 1}{h_1} \right) + \frac{P(w_i)}{h_1} k_1 \left(\frac{P(w_i) + P(w_j) - 1}{h_1} \right) \right) (\hat{P}(w_i) - P(w_i))$$

$$- \left(K_1 \left(\frac{P(w_i) + P(w_j) - 1}{h_1} \right) + \frac{P(w_j)}{h_1} k_1 \left(\frac{P(w_i) + P(w_j) - 1}{h_1} \right) \right) (\hat{P}(w_j) - P(w_j))$$

$$+ o_p(|\hat{P}(w_i) - P(w_i)| + |\hat{P}(w_j) - P(w_j)|)$$

其中，$k_1(\cdot)$ 是 $K(\cdot)$ 的一阶导数。根据假设 5（i）和假设 6（i），可以得到：

$$\|\hat{S}_{qq} - S_{qq}^1\| \leqslant O_p((\ln n)^{1/2} / (nh_0^{K_2})^{1/2} + h_0^s) O_p(h_1^{-2} h_2^{-K_1}) = o_p(1)$$

因此意味着 $\hat{S}_{qq}$ 与 S_{qq}^1 有着相同的极限。根据 Powell 等（1989）中引理 3.1 的证明，可以得到：

$$S_{qq}^1 = EI_i I_j (P(w_i) - P(w_j))(d_i - d_j)$$

$$\frac{1}{h_1} K_1\left(\frac{P(w_i) + P(w_j) - 1}{h_1}\right) \frac{1}{h_2^{K_1}} K_2\left(\frac{x_i - x_j}{h_2}\right) + o_p(1)$$

$$= EI(w_i) I(w_j)(P(w_i) - P(w_j))^2$$

$$\frac{1}{h_1} K_1\left(\frac{P(w_i) + P(w_j) - 1}{h_1}\right) \frac{1}{h_2^{K_1}} K_2\left(\frac{x_i - x_j}{h_2}\right) + o_p(1)$$

$$= EI(w_i) g_1(1 - P(w_i), x_i)(2P(w_i) - 1)^2$$

$$p(1 - P(w_i), x_x) + O(h^4) + o_p(1)$$

其中，$K_1(\cdot)$ 和 $K_2(\cdot)$ 是四阶 Kernel，$g_1 = E(I(w) | P(w), x)$，且 $p(\cdot, \cdot)$ 是 $P(w)$ 和 x 的联合密度函数。根据假设 7 中对 S_{qq} 的定义，

$$\hat{S}_{qq} = S_{qq} + o_p(1) \tag{3.16}$$

对于（3.14′）式中的 $\hat{S}_{qu}$，根据假设 2 至假设 6，经过同样的步骤，可以写为

$$\hat{S}_{qu} = \frac{2}{n(n-1)} \sum_{i<j} I_i I_j (\hat{P}(w_i) - \hat{P}(w_j)) [(m(x_i) - m(x_j)) + (u_i - u_j)]$$

$$\times \frac{1}{h_1} K_1\left(\frac{\hat{P}(w_i) + \hat{P}(w_j) - 1}{h_1}\right) \frac{1}{h_2^{K_1}} K_2\left(\frac{x_i - x_j}{h_2}\right)$$

$$= \frac{2}{n(n-1)} \sum_{i<j} I_i I_j (P(w_i) - P(w_j)) [(m(x_i) - m(x_j)) + (u_i - u_j)]$$

$$\times \frac{1}{h_1} K_1\left(\frac{P(w_i) + P(w_j) - 1}{h_1}\right) \frac{1}{h_2^{K_1}} K_2\left(\frac{x_i - x_j}{h_2}\right)$$

$$+ O_p(\sup(\|\hat{P}(w_i) - P(w_i)\|)) \frac{1}{h_1 h_2^{K_1}}$$

$$
\begin{aligned}
&= E(I(w_i)I(w_j)(P(w_i) - P(w_j)))[(m(x_i) - m(x_j)) \\
&\quad + (\tilde{\lambda}(P(w_i)) - \tilde{\lambda}(P(w_j)))] \\
&\quad \times \frac{1}{h_1}K_1\left(\frac{P(w_i) + P(w_j) - 1}{h_1}\right)\frac{1}{h_2^{K_1}}K_2\left(\frac{x_i - x_j}{h_2}\right) + o_p(1) \\
&= EI(w_i)\int g_1(1 - P(w_i) - h_1 t_1, x_i - h_2 t_2)h_1 t_1(m(x_i) - m(x_i - h_2 t_2)) \\
&\quad + (\tilde{\lambda}(P(w_i)) - \tilde{\lambda}(1 - P(w_i) - h_1 t_1))K_1(t_1)K_2(t_2)dt_1 dt_2 \\
&= O(h_1^4 + h_2^4) + o_p(1)
\end{aligned}
$$

在误差项对称性分布的假设下，$\tilde{\lambda}(P(w_i)) = \tilde{\lambda}(1 - P(w_i))$，因此

$$
\hat{S}_{qu} = o_p(1) \tag{3.17}
$$

最后，结合 (3.16) 式和 (3.17) 式，就证明了估计量 $\hat{\alpha}$ 的一致性。

证明 2：渐近正态性证明。

首先使用泰勒展开将 $\hat{S}_{qu}$ 线形化：

$$
\begin{aligned}
\hat{S}_{qu} &= \frac{2}{n(n-1)}\sum_{i<j} I_i I_j(\hat{P}(w_i) - \hat{P}(w_j))[(m(x_i) - m(x_j)) + (u_i - u_j)] \\
&\quad \times \frac{1}{h_1}K_1\left(\frac{\hat{P}(w_i) + \hat{P}(w_j) - 1}{h_1}\right)\frac{1}{h_2^{K_1}}K_2\left(\frac{x_i - x_j}{h_2}\right) \\
&= \frac{2}{n(n-1)}\sum_{i<j} I_i I_j(P(w_i) - P(w_j))[(m(x_i) - m(x_j)) + (u_i - u_j)] \\
&\quad \times \frac{1}{h_1}K_1\left(\frac{P(w_i) + P(w_j) - 1}{h_1}\right)\frac{1}{h_2^{K_1}}K_2\left(\frac{x_i - x_j}{h_2}\right) \\
&\quad + \frac{2}{n(n-1)}\sum_{i<j} I_i I_j[(m(x_i) - m(x_j)) + (u_i - u_j)]\left(\frac{1}{h_1}K_1\left(\frac{P(w_i) + P(w_j) - 1}{h_1}\right)\right. \\
&\quad \left. + \frac{P(w_i)}{h_1^2}k_1\left(\frac{P(w_i) + P(w_j) - 1}{h_1}\right)\right) \times \frac{1}{h_2^{K_1}}K_2\left(\frac{x_i - x_j}{h_2}\right)(\hat{P}(w_i) - P(w_i)) \\
&\quad + \frac{2}{n(n-1)}\sum_{i<j} I_i I_j[(m(x_i) - m(x_j)) + (u_i - u_j)]
\end{aligned}
$$

$$\left[-\left(\frac{1}{h_1} K_1\left(\frac{P(w_i) + P(w_j) - 1}{h_1} \right) + \frac{P(w_j)}{h_1^2} k_1\left(\frac{P(w_i) + P(w_j) - 1}{h_1} \right) \right) \right]$$

$$\frac{1}{h_2^{K_1}} K_2\left(\frac{x_i - x_j}{h_2} \right) (\hat{P}(w_j) - P(w_j)) + R_{qu}$$

其中，R_{qu} 是泰勒展开的二阶项。在假设 1、假设 2 以及假设 4 和假设 6 的条件下，R_{qu} 是有界的，原因是

$$R_{qu} = O_p(\sup \|\hat{P}(w_i) - P(w_i)\|^2) \frac{1}{h_1^2 h_2^{K_1}}$$

$$= O_p((\ln n)^{1/2} / \sqrt{n h_0^{k_2}} + h_0^s)^2 h_1^{-2} h_2^{-K_1}$$

进一步，在假设 6（ii）条件下，$R_{qu} = o_p(1/\sqrt{n})$，因此在该项在 $\hat{S}_{qu}$ 的渐近分布中，该项可以被忽略。为了将表达式简化，首先作出以下设定：

$$S_{n0} = \frac{2}{n(n-1)} \sum_{i<j} I_i I_j (P(w_i) - P(w_j)) \left[(m(x_i) - m(x_j)) + (u_i - u_j) \right]$$

$$\times \frac{1}{h_1} K_1\left(\frac{P(w_i) + P(w_j) - 1}{h_1} \right) \frac{1}{h_2^{K_1}} K_2\left(\frac{x_i - x_j}{h_2} \right) \tag{3.18}$$

$$S_{n11} = \frac{2}{n(n-1)} \sum_{i<j} I_i I_j \left[(m(x_i) - m(x_j)) + (u_i - u_j) \right]$$

$$\frac{1}{h_1} K_1\left(\frac{P(w_i) + P(w_j) - 1}{h_1} \right) \times \frac{1}{h_2^{K_1}} K_2\left(\frac{x_i - x_j}{h_2} \right) (\hat{P}(w_i) - P(w_i)) \tag{3.19}$$

$$S_{n12} = \frac{2}{n(n-1)} \sum_{i<j} I_i I_j \left[(m(x_i) - m(x_j)) + (u_i - u_j) \right] \frac{P(w_i)}{h_1^2}$$

$$\times k_1\left(\frac{P(w_i) + P(w_j) - 1}{h_1} \right) \times \frac{1}{h_2^{K_1}} K_2\left(\frac{x_i - x_j}{h_2} \right) (\hat{P}(w_i) - P(w_i)) \tag{3.20}$$

$$S_{n21} = -\frac{2}{n(n-1)} \sum_{i<j} I_i I_j \left[(m(x_i) - m(x_j)) + (u_i - u_j) \right]$$

$$\frac{1}{h_1} K_1\left(\frac{P(w_i) + P(w_j) - 1}{h_1} \right) \times \frac{1}{h_2^{K_1}} K_2\left(\frac{x_i - x_j}{h_2} \right) (\hat{P}(w_j) - P(w_j)) \tag{3.21}$$

$$S_{n22} = -\frac{2}{n(n-1)} \sum_{i<j} I_i I_j \left[(m(x_i) - m(x_j)) + (u_i - u_j) \right] \frac{P(w_j)}{h_1^2}$$

$$k_1\left(\frac{P(w_i) + P(w_j) - 1}{h_1} \right) \times \frac{1}{h_2^{K_1}} K_2\left(\frac{x_i - x_j}{h_2} \right) (\hat{P}(w_j) - P(w_j)) \tag{3.22}$$

对于（3.19）式中的 S_{n11}，将不对渐近分布造成影响的 $k = i$ 忽略掉，可以得到：

$$S_{n11} = \frac{1}{n(n-1)(n-2)} \sum_{i \neq j \neq k} I_i I_j \big[(m(x_i) - m(x_j))$$

$$+ (u_i - u_j) \big] \frac{1}{h_1} K_1 \left(\frac{P(w_i) + P(w_j) - 1}{h_1} \right)$$

$$\times \frac{1}{h_2^{K_1}} K_2 \left(\frac{x_i - x_j}{h_2} \right) \frac{1}{h_0^{K_2}} K_0 \left(\frac{w_k - w_i}{h_0} \right) (d_k - P(w_i)) / p(w_i) + o_p(1/\sqrt{n})$$

根据 U - 统计量的性质，并参考 Ahn 和 Powell（1993），可以得到：

$$S_{n11} = o_p(1/\sqrt{n})$$

同样，S_{n21} 可以写为

$$S_{n21} = - \frac{1}{n(n-1)(n-2)} \sum_{i \neq j \neq k} I_i I_j \big[(m(x_i) - m(x_j))$$

$$+ (u_i - u_j) \big] \frac{1}{h_1} K_1 \left(\frac{P(w_i) + P(w_j) - 1}{h_1} \right)$$

$$\times \frac{1}{h_2^{K_1}} K_2 \left(\frac{x_i - x_j}{h_2} \right) \frac{1}{h_0^{K_2}} K_0 \left(\frac{w_k - w_j}{h_0} \right) (d_k - P(w_j)) / p(w_j) + o_p(1/\sqrt{n})$$

$$= o_p(1/\sqrt{n})$$

对于其他两项，

$$S_{n12} = \frac{2}{n(n-1)} \sum_{i < j} I_i I_j \big[(m(x_i) - m(x_j)) + (u_i - u_j) \big] \frac{P(w_i)}{h_1^2}$$

$$\times k_1 \left(\frac{P(w_i) + P(w_j) - 1}{h_1} \right) \times \frac{1}{h_2^{K_1}} K_2 \left(\frac{x_i - x_j}{h_2} \right) (\hat{P}(w_i) - P(w_i))$$

$$S_{n22} = - \frac{2}{n(n-1)} \sum_{i < j} I_i I_j \big[(m(x_i) - m(x_j))$$

$$+ (u_i - u_j) \big] \frac{P(w_j)}{h_1^2} k_1 \left(\frac{P(w_i) + P(w_j) - 1}{h_1} \right)$$

$$\times \frac{1}{h_2^{K_1}} K_2 \left(\frac{x_i - x_j}{h_2} \right) (\hat{P}(w_j) - P(w_j))$$

定义：

$$S_{n2} = S_{n12} + S_{n22}$$

$$= \frac{4}{n(n-1)} \sum_{i<j} I_i I_j \left[(m(x_i) - m(x_j)) + (u_i - u_j) \right]$$

$$\frac{P(w_i)}{h_1^2} k_1 \left(\frac{P(w_i) + P(w_j) - 1}{h_1} \right)$$

$$\times \frac{1}{h_2^{K_1}} K_2 \left(\frac{x_i - x_j}{h_2} \right) (\hat{P}(w_i) - P(w_i))$$

在与 Powell（1987）中定理 5.1 的证明同样的逻辑下，在三次求和中的 $k = i$ 项是可以被忽略不计的。将 S_{n2} 进行线形化可以得到：

$$S_{n2} = \frac{2}{n(n-1)(n-2)} \sum_{i \neq j, i \neq k} I_i I_j \left[(m(x_i) - m(x_j)) + (u_i - u_j) \right]$$

$$\frac{P(w_i)}{h_1^2} k_1 \left(\frac{P(w_i) + P(w_j) - 1}{h_1} \right)$$

$$\times (d_k - P(w_i)) \frac{1}{h_2^{K_1}} K_2 \left(\frac{x_i - x_j}{h_2} \right) \frac{1}{h_0^{K_2}} K_0 \left(\frac{w_k - w_i}{h_0} \right) / p(w_i) + o_p(1/\sqrt{n})$$

将模型中的变量写成向量形式 $\xi_i = (d_i, y_i, w_i', x_i', u_i)'$，并定义：

$$q_n(\xi_i, \xi_j, \xi_k) = \frac{1}{h_0^{K_2} h_1^2 h_2^{K_1} p(w_i)} \sum_{i \neq j, i \neq k} I_i I_j$$

$$\left[(m(x_i) - m(x_j)) + (u_i - u_j) \right] (d_k - P(w_i)) P(w_i)$$

$$\times k_1 \left(\frac{P(w_i) + P(w_j) - 1}{h_1} \right) K_2 \left(\frac{x_i - x_j}{h_2} \right) K_0 \left(\frac{w_k - w_i}{h_0} \right)$$

那么 S_{n2} 可以表示为

$$S_{n2} = \frac{2}{n(n-1)(n-2)} \sum_{i \neq j, i \neq k} q_n(\xi_i, \xi_j, \xi_k) + o_p(1/\sqrt{n})$$

这个非对称化的三阶 U - 统计量可以用对称化的 Kernel 函数 $p_n(\cdot)$ 表示成如下形式：

$$p_n(\xi_i, \xi_j, \xi_k) = \frac{1}{6} \big(q_n(\xi_i, \xi_j, \xi_k) + q_n(\xi_i, \xi_k, \xi_j) + q_n(\xi_j, \xi_i, \xi_k)$$

$$+ q_n(\xi_j, \xi_k, \xi_i) + q_n(\xi_k, \xi_i, \xi_j) + q_n(\xi_k, \xi_j, \xi_i) \big)$$

很容易验证：

$$E \| p_n(\xi_i, \xi_j, \xi_k) \|^2 = \frac{1}{h_0^{2K_2} h_1^4 h_2^{2K_1}} O(1) = o(n)$$

在假设6（iii）条件下，S_{n2} 可以写为

$$S_{n2} = 2\left(E\left[r_n(\xi_i)\right] + \frac{6}{n}\sum_{i=1}^{n}\left[r_n(\xi_i) - E(r_n(\xi_i))\right]\right) + o_p(n^{-1/2})$$

其中 $r_n(\xi_i) = E\left[q_n(\xi_i,\xi_j,\xi_k)\,|\,\xi_i\right]$，在假设1至假设2，以及假设5至假设6下，通过与 Ahn 和 Powell（1993）同样的方法，可以得到：

$$E\left[\left\|q_n(\xi_i,\xi_j,\xi_k)\right\|\,|\,\xi_i\right] = o_p(n^{-1/2}),$$

$$E\left[\left\|q_n(\xi_i,\xi_j,\xi_k)\right\|\,|\,\xi_i\right] = o_p(n^{-1/2}),$$

$$E\left[\left\|q_n(\xi_i,\xi_k,\xi_j)\right\|\,|\,\xi_i\right] = o_p(n^{-1/2}),$$

$$E\left[\left\|q_n(\xi_j,\xi_i,\xi_k)\right\|\,|\,\xi_i\right] = o_p(n^{-1/2}),$$

以及

$$E\left[\left\|q_n(\xi_k,\xi_i,\xi_j)\right\|\,|\,\xi_i\right] = o_p(n^{-1/2})$$

但是对于 $q_n(\xi_j,\xi_k,\xi_i)$ 和 $q_n(\xi_k,\xi_j,\xi_i)$ 上述条件则不成立。定义：

$$\tau_1(\xi_i) = I(w_i)\,\tilde{\lambda}\,'(1 - P(w_i))(d_i - P(w_i))p(x_i,P(w_i))$$

那么，

$$E\left(\left\|q_n(\xi_i,\xi_k,\xi_i) - \tau_1(\xi_i)\right\|\right) = o_p(n^{-1/2})$$

$$E\left(\left\|q_n(\xi_k,\xi_j,\xi_i) - \tau_1(\xi_i)\right\|\right) = o_p(n^{-1/2})$$

因此，$r_n(\xi_i) = E\left[q_n(\xi_i,\xi_j,\xi_k)\,|\,\xi_i\right]$ 满足：

$$r_n(\xi_i) = \frac{2}{6}\tau_1(\xi_i) + o_p(n^{-1/2})$$

由于 $E(\tau_1(\xi_i)) = 0$，于是 $E(r_n(\xi_i)) = o_p(n^{-1/2})$。进而可以得出：

$$S_{n2} = \frac{4}{n}\sum_{i=1}^{n}\tau_1(\xi_i) + o_p(n^{-1/2})$$

最后，回到（3.18）式中的 S_{n0}，根据定义很容易发现 S_{n0} 是一个二阶 U - 统计量，而且可以表示为

$$S_{n0} = \frac{2}{n(n-1)}\sum_{i<j} I_i I_j (P(w_i) - P(w_j))\left[(m(x_i) - m(x_j)) + (u_i - u_j)\right]$$

$$\times \frac{1}{h_1}K_1\left(\frac{P(w_i) + P(w_j) - 1}{h_1}\right)\frac{1}{h_2^{K_1}}K_2\left(\frac{x_i - x_j}{h_2}\right)$$

$$= \frac{2}{n} \sum_{i=1}^{n} I(w_i) g_1(1 - P(w_i), x_i)(2P(w_i) - 1)$$

$$(u_i - \tilde{\lambda}(1 - P(w_i))) p(1 - P(w_i), x_i) + O(h^4)$$

其中，$E(I(w) \,|\, P(w), x) = g(P(w), x)$，且 $p(P(w), x)$ 是 $(P(w), x)$ 的概率密度函数。在假设 6（iii）下，S_{n0} 具有以下形式：

$$S_{n0} = \frac{2}{n} \sum_{i=1}^{n} I(w_i) g_1(1 - P(w_i), x_i)(2P(w_i) - 1)(u_i - \tilde{\lambda}(1 - P(w_i)))$$

$$p(1 - P(w_i), x_i) + o_p(n^{-1/2})$$

$$= \frac{2}{n} \sum_{i=1}^{n} \tau_0(\xi_i) + o_p(n^{-1/2})$$

因此，

$$\sqrt{n}(\hat{\alpha} - \alpha_0) = \hat{S}_{qq}^{-1} \sqrt{n} \hat{S}_{qu}$$

其中，

$$\sqrt{n} \hat{S}_{qu} = \frac{2}{\sqrt{n}} \sum_{i=1}^{n} (\tau_0(\xi_i) + 2\tau_1(\xi_i)) + o_p(1)$$

如此就可以得到文中所给出估计量的渐近正态性质。（Q. E. D.）

为了进行统计推断，还需要对渐近方差 $\sum$ 进行一致性估计，此处将简要讨论渐近方差的估计量。在构成 $\sum$ 的两个部分中，对 S_{qq} 的估计是显而易见的，即可以用 $\hat{S}_{qq}$ 对 S_{qq} 进行一致性估计。另外一部分的估计将是一个难点，因为其包含了不可观测的矫正项 $\tilde{\lambda}(\cdot)$ 的一阶导数 $\tilde{\lambda}'(\cdot)$。然而，参考 Ahn 和 Powell（1993）的研究，可以通过使用结果方程中的残差，然后使用非参数 Kernel 估计方法对 $\tilde{\lambda}(\cdot)$ 进行估计。同样对于其他的函数如 $g_1(\cdot)$ 和 $p(x, P(w))$，也可以使用相同的方法进行估计。$\tilde{\lambda}'(\cdot)$ 的估计可以直接根据 $\tilde{\lambda}(\cdot)$ 的估计得到，u_i 可以使用得到的残差项进行估计。最后，表达式中的期望可以使用样本均值代替。

第五节　蒙特卡罗模拟

本节将进行一个简单的蒙特卡罗（Monto Carlo）模拟，以说明所提出的估计量的优良性质。特别地，通过模拟可以发现在非参数模型设定下该估计量的有限样本性质（见下文 Estimator I）。为了进行比较，下文将同时给出在忽略随机系数部分 $d\varepsilon$ 后，通过简单的直接成对相减然后使用工具变量［使用 $P(w)$ 作为 d 的工具变量］进行估计的结果（下文中成为 Estimator II），具体地，该估计量为

$$\bar{\alpha} = \bar{S}_{qq}^{-1} \bar{S}_{qy} \tag{3.23}$$

其中，

$$\bar{S}_{qq} = \frac{2}{n(n-1)} \sum_{i<j}^{n} I(w_i) I(w_j) \left(\hat{P}(w_i) - \hat{P}(w_j) \right) (d_i - d_j) \frac{1}{h_2^{K_1}} K_2 \left(\frac{x_i - x_j}{h_2} \right)$$

$$\bar{S}_{qy} = \frac{2}{n(n-1)} \sum_{i<j}^{n} I(w_i) I(w_j) \left(\hat{P}(w_i) - \hat{P}(w_j) \right) (y_i - y_j) \frac{1}{h_2^{K_1}} K_2 \left(\frac{x_i - x_j}{h_2} \right)$$

在模拟过程中，设定了三种不同的模型（数据生成过程），随机生成的样本量为 500，并将重复次数设定为 400。在模拟结果中，将同时汇报两种估计量各自的均值、标准差，以及均方根误差。具体结果见表 3.1。

表 3.1　　　　　　　　　　蒙特卡罗模拟结果

数据生成过程	估计量	α_0	Bias	SD	Rmse	α_0	Bias	SD	Rmse
模型 I	Estimator I	0.5	0.015	0.208	0.208	0.75	0.022	0.201	0.202
	Estimator II		0.137	0.207	0.248		0.146	0.199	0.247
	Estimator I	1	0.018	0.202	0.203	1.25	0.020	0.215	0.216
	Estimator II		0.135	0.205	0.245		0.148	0.212	0.258
模型 II	Estimator I	0.5	0.021	0.209	0.210	0.75	0.032	0.206	0.208
	Estimator II		0.129	0.223	0.240		0.139	0.210	0.245
	Estimator I	1	0.023	0.212	0.214	1.25	0.020	0.215	0.216
	Estimator II		0.143	0.209	0.239		0.125	0.216	0.243
模型 III	Estimator I	0.5	0.041	0.250	0.254	0.75	0.046	0.249	0.253
	Estimator II		0.139	0.250	0.286		0.118	0.246	0.273
	Estimator I	1	0.059	0.254	0.261	1.25	0.034	0.244	0.246
	Estimator II		0.126	0.237	0.270		0.114	0.237	0.263

对于第 I 类模型，设定的数据生成过程为

$$y = x + d(\alpha_0 + \varepsilon) + u_1$$

$$d = 1\{0.5x + w + u_2 > 0\}$$

其中，误差项 u_1 服从标准正态分布，x 服从（0，2）上的均匀分布，w 服从均值为 0，方差为 4 的正态分布，且它们各自之间都互相独立。为了简化，在模拟中，仅考虑 $\varepsilon = u_2$ 的情况，且其服从标准正态分布。

对于第 II 类和第 III 类模型，模型设定如下：

$$y = x^2 + d(\alpha_0 + \varepsilon) + u_1$$

$$d = 1\{0.5x^2 + w + u_2 > 0\}$$

其中，u_1、x、w 的生成过程均与模型 I 中相同，而且同样只考虑 $\varepsilon = u_2$ 的情况。但是，模型 II 和模型 III 中函数形式则不再是单指标形式（线性），而是二次方程式。模型 II 与模型 III 的区别主要在于：在模型 II 中，u_2 服从标准正态分布，而模型 III 假设 u_2 存在异方差，即假设 $u_2 | (x, w)$ 服从 $N(0, 2(0.5x^2 + w))$ 的分布。

在每个模型设定中，考虑了真实处理效应 α_0 取值分别为 0.5、0.75、1、1.25 的四种情况。对于在第一步对倾向得分的非参数估计中的窗宽（h_0）选择问题，则参考 Silverman（1986），使用最小均值方差标准下的最优选择。在第二步对平均处理效应的半参数估计中，对窗宽 h_1 和 h_2 的选择将参考 Abrevaya 和 Shin（2011），选择 $h_1 = c \cdot stdc(p) \cdot n^{-\lambda}$，$h_2 = c \cdot stdc(x) \cdot n^{-\lambda}$，其中 c 分别在 1、1.5、2 中取值，λ 则在 1/3、1/4 中取值。根据模拟结果，c 和 λ 在不同取值下得到的结果均比较稳定，因此，本书只报告当 $c = 1.5$，$\lambda = 1/3$ 时的结果。此外，在模拟过程发现调整边界偏差的修正因子对结果也没有太大影响，因此在模拟中将不作考虑。

根据模拟结果不难发现：首先，与忽略随机系数部分 $d\varepsilon$ 而直接使用工具变量方法的估计结果（Estimator II）相比，本书提出的估计量（Estimator I）具有更好的性质。其次，从三种不同的模型设定下的估计结果来看，本书提出的估计量在模型（无论是在选择方程，还是在结果方程中）的不同设定方式下更加稳健。最后，对比两种估计量的模拟结果，发现在估计中，个体之间的异质性回报是不能够被忽略的。如果实际中存在

异质性回报，那么使用传统的不变处理效应模型将直接导致估计结果的不一致性。

第六节　实例应用

为了显示本书提出的估计量的实际应用性，本节将使用提出的估计量对大学教育的收入回报率进行估计。事实上，从 Mincer（1974）第一次建立收入方程，并讨论了教育程度对收入水平的影响作用之后，关于大学教育的回报一直是众多文献的研究热点（Angrist and Krueger，1991；Heckman and Li，2004 等）。在对教育回报的研究中，主要的问题依然是上文提到的"自选性"以及回报的"异质性"问题，即每个人读大学的回报存在着差异，而且一个人是否上大学与他的收入水平以及上大学的回报之间极有可能存在相关性。因此这也成为了对教育回报的估计中存在的主要难点。

在我国，随着经济的不断发展，劳动分工日益细化，教育，特别是高等教育在提高个人未来收入水平方面起到的作用也日益明显。因此，对我国劳动者的教育（大学）回报进行准确估计，并讨论在近三十年随着高等教育的扩张以及市场机制的深入改革，我国的教育回报率存在着怎样的变化趋势，对这些问题的研究对于国家的经济政策以及公共政策都具有重要的意义。

已有文献对教育回报的讨论多数是在一些较强的假设下（如本章第二节介绍的不变处理效应假设），基于 Mincer 方程建立回归方程，然后使用参数估计的方法对大学教育回报进行估计。其中由于存在内生性问题，工具变量估计法成为了主要的解决方法。如何选取合理的工具变量也一度成为文献中的热点问题（Card，1999；Angrist and Krueger，1991）。但是不变处理效应的假设往往可能与实际情况不符，一旦存在教育回报的异质性，普通的工具变量回归方法也同样无法得到一致的估计。而本书提出的方法则恰好能够同时在模型中考虑内生性与异质性问题，而且在模型的设定方面也放松了已有文献过于严格的假定条件，具有较强的稳健性。

本节将使用本章提出的估计量来对我国的大学教育回报率展开估计。其中使用的数据来自北卡罗尼那大学的卡罗利那人口中心以及中国疾病预防与控制中心国家营养与食物安全机构发起的中国健康营养调查（CHNS）。该调查覆盖了来自中国 9 个省份（包括辽宁、黑龙江、山东、江苏、河南、湖北、湖南、贵州和广西）的 4000 多个家庭，其中，黑龙江省是在 1997 年之后加入调查的。该调查从 1989 年开始，之后陆续又在 1991 年、1993 年、1997 年、2000 年、2004 年、2006 年和 2009 年进行了 7 次追踪调查，调查数据包含家庭成员的教育程度、就业状态、收入、健康以及家庭背景等信息，本研究将主要使用这些数据进行实证分析。

在估计模型之前，为了不在模型中加入太多的虚拟变量，将 9 个省份划分为 4 个地区，即东北、东南、中部、西南。我们主要关心大学教育的回报，因此只保留了高中毕业或者大学毕业的样本，将其他个体剔除。此外，考虑到在过去 30 年中国经济发展的不同阶段，而在不同经济发展阶段大学教育的回报率也存在明显的差异（Heckman and Li，2004；Xiu and Gunderson，2013），因此我们还将数据根据经济发展的阶段分为三个子样本。表 3.2 给出了本研究使用的数据的简单描述性统计。

表 3.2　　　　　　　　　　描述性统计

时间段	1989—1993 年		1997—2000 年		2004—2009 年	
统计量	样本量	平均收入（元）	样本量	平均收入（元）	样本量	平均收入（元）
总样本	800	3666	622	7962	525	15226
大学	112	3335	103	10615	149	17924
高中	688	3920	519	7435	376	14157
男性	478	3917	404	8512	360	15642
女性	322	3293	218	6943	165	14320
城镇	427	4117	272	8233	272	17435
农村	373	3149	350	7751	253	12852

时间段	1989—1993 年		1997—2000 年		2004—2009 年	
统计量	样本量	平均收入（元）	样本量	平均收入（元）	样本量	平均收入（元）
东南	218	4234	193	9654	194	19857
中部	247	3376	188	7912	135	13736
东北	102	2871	71	6660	85	12493
西南	233	3789	170	6639	111	11039
年龄段	17～52 岁		17～51 岁		18～65 岁	

根据表 3.2 不难发现以下事实：首先，除了在 1989—1993 年这一阶段，大学毕业生与高中毕业生相比，平均收入水平要高一些；其次，男性的收入水平比女性高；最后，在中国的不同地区，收入水平也同样存在较大的差异，其中东南地区的收入水平最高，而相比农村地区，城镇地区的人均收入水平也处于较高水平。

在估计之前，首先对模型中变量的选取进行介绍。结果方程中的被解释变量 y 为个体年收入的自然对数形式，解释变量 x 包含经验、经验平方、性别，以及是否为城镇户口的虚拟变量。此外，我们还同时选取了职业类型、工作单位性质、地区等其他控制变量。用来表示个体是否接受处理效应的虚拟变量 d 代表是否大学毕业。在选择方程中的解释变量 w 包含了表示个体性别、户口、地区的虚拟变量，以及出生年份和家庭背景（用父母的收入以及教育年限表示）。该实证模型满足了模型识别需要的排除性限制条件。类似于其他半参数估计的应用文献，本实证研究中同样未考虑用来调整边界偏差的修正因子。

表 3.3 给出了平均处理效应 α_0（即平均教育回报率）的估计结果。为了与经典方法进行对比，我们在结果中同样汇报了使用简单线形回归（OLS）以及倾向得分匹配方法的估计结果。如本章第二节所述，倾向得分匹配方法是由 Rosenbaum 和 Rubin（1983）首次提出，并由 Heckman（1997）将其发展为用来做计量经济学评价的工具。倾向得分匹配在提出时是用来解决政策评价（处理效应估计）中的"反事实状态缺失"问题，对于处理组中的个体，通过使用控制组中与其倾向得分最接近的个体的

实际结果，作为对其反事实状态结果的估计。但是该方法的一个主要的缺陷在于：该方法是基于"可忽略性假设"的假设条件，即个体是否接受处理的行为选择只取决于可观测外生性因素。而事实上，根据上文的分析，这样的假设条件是具有局限性的。本书提出的方法则不需要依赖于该假设条件，并且也不需要对模型中的函数形式作任何设定，这样就在很大程度上避免了模型错误识别对估计结果一致性的影响。

表3.3　　　　　　　　　　教育回报的估计——三种方法对比

估计方法	OLS	PS matching	平均处理效应
1989—1993 年	0.103	0.061	0.039
（STD）	（0.102）	（0.091）	（0.022）
1997—2000 年	0.281	0.419	0.491
（STD）	（0.097）	（0.119）	（0.071）
2004—2009 年	0.244	0.509	0.523
（STD）	（0.143）	（0.170）	（0.208）

根据表3.3可以发现使用本书方法（平均处理效应的半参数估计）对大学教育回报的估计与使用简单线形回归（OLS）的估计值相比差异较大，而与使用倾向得分匹配方法（PS matching）得到的教育回报相比则比较接近。具体来说：我们得到的估计值比倾向得分匹配的估计值要略微大一点，尤其是对1997—2000年和2004—2009年这两个阶段的估计。此外，使用本书方法得到的估计值的标准差在多数情况下都相对较小，这也反映了我们所提出的估计量的稳健性。仔细分析结果，一个比较有趣的现象是：在1989—1993年这个阶段，教育的平均回报的估计值非常小而且并不显著，意味着如果控制其他因素，在该时期内从平均水平来看，读大学并不会提高人们的收入。这个现象可以理解为：在该时期，中国的市场经济制度还未完全建立起来，人们的收入（主要是工资）水平基本只取决于社会地位以及工龄等因素，而与其教育程度并无太大的关系。之后随着市场经济体制的不断深化，社会分工越来越细化，在过去的15年内，教育（尤其是高等教育）在人力资本的积累中则起到越发重要的作用。因此，在20世纪90年代后期，以及21世纪初，教育的回

报率一直在不断增长。具体来看，本书的估计结果显示，在 2000 年前后，大学生的平均年收入比高中生的平均年收入要高出 63%（exp（0.49）－1），而在 2004—2009 年的阶段，大学生比高中生的收入要高出 69%。同时，倾向得分匹配的估计结果也大致在 52%（1997—2000 年），和 66%（2004—2009 年）的水平。考虑到本书提出的半参数估计方法的稳健性，我们可以认为倾向得分匹配估计方法在一定程度上略微低估了大学教育的回报率。

第七节　本章小结

本章主要讨论了一个在随机系数内生哑变量模型下对平均处理效应的半参数估计方法。在误差项对称性分布的假定下，本章提出了一个两步估计量，而且该估计量在实际应用中也比较容易操作。在提出估计量并对估计量的大样本性质进行分析之后，还进一步通过蒙特卡罗模拟展示了该估计量的有限样本性质，体现了其有效性。最后文中还通过一个对大学教育回报进行估计的实证研究问题进一步显示了该估计量的稳健性与实际应用价值。

本章在不对选择方程以及结果方程中函数形式作任何假定的前提下，通过将倾向得分和为 1 的个体（$\hat{P}(w_i) \approx 1 - \hat{P}(w_j)$）进行对对相减，将由于回报的异质性而产生的模型中的矫正项删除，然后使用工具变量方法估计平均处理效应。与其他已有文献（Chen，1999；Chen and Zhou，2010）相比，本书的估计量在模型设定方面更具稳健性，这一点通过蒙特卡罗模拟可以体现出来。然而，本书的分析框架局限于被解释变量不存在截断情况。而在实际应用中，无论是截面数据，还是面板数据，通常会存在数据截断的情形。因此在未来的研究中，处理数据截断的问题将会是一个值得关注的问题。

第四章 所得税改革与企业投资

第一节 引 言

投资是在某个时期内资本存量的变化，因此区别于存量资本，投资本身是一个流量的概念。企业通常需要通过投资来调整资本存量，调整生产规模，从而实现最优化企业生产与经营的目标（通常为利润最大化或者企业市场价值最大化）。而从宏观经济角度来看，投资作为拉动经济增长的三大因素（另外两个因素为消费、出口）之一，一直是经济学研究中关注的热点问题。

鉴于投资在提高工业企业生产技术，并拉动整体经济发展方面起到的重要作用，本章将围绕我国工业企业的投资行为展开分析，并且针对2007年出台的新企业所得税法，研究此次所得税制度的改革对企业投资的影响作用，具体讨论税率变化对企业投资规模的影响，并进一步分析企业的投资效率。

关于企业所得税对投资影响的理论分析，最早是由 Hall 和 Jorgenson（1967）提出的，他们根据新古典投资理论，建立了企业投资—资本成本模型，并在资本成本中考虑了企业所得税因素。之后 Tobin（1969）根据新古典投资理论提出了投资 q 理论，即当投资为企业（股东）带来的边际价值与成本的比值（边际 q 值）大于 1 时，企业将会增加投资。因此也有文献通过将所得税影响加入该理论来讨论所得税与企业投资的关系（Summers，1981）。1986 年美国实行了税制改革，为研究者们提供了进行实证研究的机会，因此众多文献开始利用此次税制改革讨论税收制度对企业投资行为的影响。

而国内关于所得税改革对企业行为的影响，特别是对投资行为影响的研究则比较少见。2007 年出台的新企业所得税法为国内学者提供了一个很好的研究机会，国内也陆续出现了一些讨论所得税制改革对企业财务、管理行为的影响的文献。而针对所得税改革对企业投资行为影响的研究至今还非常罕见。刘慧凤和曹睿（2011）通过使用 2004—2008 年的上市公司的数据讨论了所得税制度改革对投资的激励作用，发现了税收对投资影响的不对称性，即所得税率上升的企业投资受到抑制，但所得税税率下降的企业投资却没有明显的增加。该文虽然是国内首次讨论所得税改革对企业投资影响的文章，但是文章中仍然存在着一些可商榷之处，该结论仍有待继续讨论。

本章将继续探讨所得税改革对企业投资的影响。而正如王化成和高升好（2012）所指出的，对此问题的深入探讨能够深化我们对企业所得税与公司投资决策之间的关系的理解，并能够加深我们对企业所得税经济后果的认识和理解，通过总结本次所得税改革的经验，可以为以后相关所得税改革政策的制定提供参考。

随着企业所得税制改革对投资的激励，企业固定资产投资额不断增加，一个问题是中国企业的投资是否有效呢，或者说企业的资本回报率是如何变化的呢。这一问题对于衡量所得税改革对企业经济的促进作用是十分重要的，同样对于主要靠投资驱动的中国经济也是有着重要意义的。因此本章在后半部分还将进一步讨论企业投资效率的变化。

针对国内已有文献的不足，本章通过构建企业投资行为的理论模型，并将企业所得税的影响包含到投资成本中，进而通过对企业投资—资本成本模型的实证分析来探讨企业所得税率的变化通过影响企业投资成本对企业投资的激励作用。研究结果发现企业资本成本对企业的投资有着显著的负向影响。研究通过进一步使用政策评价的方法对所得税改革对投资的作用进行分析，发现本次所得税改革对企业投资具有显著的激励作用。最后，本章还针对企业投资的效率展开了讨论，研究在投资激励作用下企业的投资是否有效，以及企业的资本回报率是如何变化的。结果发现我国企业投资的效率在 2006—2009 年一直在不断提高，而且在不同所有制企业中表现不同。

本章余下部分结构安排如下：本章第二节对已有文献关于企业投资行为的理论与实证研究进行梳理。第三节根据新古典投资理论构建企业投资—资本成本模型，同时引入所得税改革对资本成本进而对投资的影响因素，这也是本章实证模型的基础。第四节是实证研究部分，主要对研究使用的数据、实证模型及结果进行介绍。第五节进一步讨论企业的投资效率（即资本回报率），研究资本回报率的影响因素以及随时间的变化。第六节是结论部分，对本章的研究结果进行简要总结和评述。

第二节　企业投资—资本成本理论模型

根据新古典投资理论，Hall 和 Jorgenson（1967）通过一个企业面临的优化问题，即假设在完全竞争的市场环境下，根据企业利润最大化的目标，推导出企业的最优资本需求量。其中假设生产函数为传统的 Cobb - Douglas 形式，将企业的利润表示为产出与资本和劳动投入以及相应的产品和要素价格的函数，然后建立了一个动态优化模型，即企业未来利润的现值最大化，得到企业的最优资本存量，表达式为

$$K^* = \alpha \frac{Y}{UC}$$

其中，K^* 表示企业的最优资本需求量，α 表示生产函数中资本的产出弹性，Y 表示产出，UC 表示资本使用成本。

如果进一步将上述模型扩展，将生产函数设为更一般化的不变替代弹性（CES）形式（Eisner and Nadiri，1968），即

$$Y = TFP \left(\alpha K^{\frac{\sigma-1}{\sigma}} + \beta L^{\frac{\sigma-1}{\sigma}} \right)^{\frac{\sigma}{\sigma-1}v}$$

其中，TPF 表示全要素生产率，K 表示资本存量，L 表示劳动力存量，Y 表示产出，α、β、σ、v 是该生产函数中的参数，其中 $\alpha + \beta = 1$，σ 表示资本和劳动的替代弹性，v 表示规模报酬。根据企业的利润最大化目标，资本的边际产出等于资本使用成本（并通过取对数将等式线性化），可以得到最优资本需求量：

$$\ln K^* = \gamma_1 \ln Y - \gamma_2 \ln UC + \ln h \qquad (4.1)$$

其中，

$$\gamma_1 = \sigma + \frac{1 - \sigma}{v}, \quad \gamma_2 = \sigma, \quad h = TFP^{\frac{\sigma-1}{v}} \times (v\alpha)^{\sigma}$$

同样可以发现最优资本存量取决于企业的产出水平（生产或销售规模）和资本的使用成本。为了使研究更一般化，本书将采用不变替代弹性生产函数，因此（4.1）式将作为下文实证研究的基础模型。

模型中的资本使用成本 UC 是本章研究的关键，在新古典资本需求理论中，Hall 和 Jorgenson（1967）提出资本使用成本相当于假设企业使用其自有资本所需支付的利息，并指出企业资本使用成本不仅取决于财务成本，而且依赖于投入与产出品的相对价格、固定资本的折旧率、企业所得税率以及所得税投资抵免等因素。因此该理论在研究企业资本成本时，考虑企业所得税制度的因素，从而反映出所得税制度对企业投资的影响作用。在此基础上，Auerbach（1989）对该资本成本模型进行了扩展，提出了一个更具一般性的资本成本模型，并被大量文献借鉴（Cummins et al.，1995；Chatelain and Tiomo，2001）。李成（2007）针对中国税收制度的特点，对资本成本计算公式进行了简化。因此本章资本成本指标的构建将在参考以上文献的同时，将中国税收制度的特点也考虑进来。资本成本计算公式如下：

$$UC = \frac{P^I (1 - \tau z)}{P (1 - \tau)} \Big[AI\Big(\frac{D}{D + E}\Big)(1 - \tau) + LD\Big(\frac{E}{D + E}\Big) + \delta \Big] \quad (4.2)$$

其中，P^I 表示投资品价格；P 表示产出品价格；z 表示未来计提折旧的现值；τ 表示企业所得税率；τz 表示由于税前计提折旧减少企业应纳所得税而节约的成本；δ 表示资本经济折旧率；AI 表示企业借贷利率，用来表示债务融资成本；D 表示企业负债的账面价值；E 表示企业所有者权益的账面价值；LD 表示长期国债收益率，用来作为股权融资机会成本的代理变量，因此（4.2）式中的

$$AI\Big(\frac{D}{D + E}\Big)(1 - \tau) + LD\Big(\frac{E}{D + E}\Big)$$

即表示企业的加权融资成本。

根据以上资本成本的计算公式不难发现，企业所得税制的变化将会导致（4.2）式中一些参数的变化，从而影响企业的资本使用成本，因此

本章后续的分析将以（4.1）式和（4.2）式为基础展开，研究企业所得税改革将如何通过改变资本成本从而影响企业投资。

第三节　模型的构建与实证分析

一、实证模型构建——投资的动态调整模型

本小节的实证研究以上文的企业投资—资本成本理论模型为基础，其中（4.1）式是构建回归方程的基础模型。由于研究使用面板数据进行分析，（4.1）式可以重新写为

$$\ln K_{it} = \gamma_1 \ln Y_{it} - \gamma_2 \ln UC_{it} + \ln h_{it} \qquad (4.3)$$

其中，i 表示企业个体，t 表示时间，需要说明的是，根据上文，

$$h_{it} = TFP_{it}^{\frac{\sigma-1}{v}} \times (v\alpha)^{\sigma}$$

其中，假设全要素生产率由两部分构成，即 $TFP_{it} = \phi_i^t A_t$，其中，ϕ_i^t 反映企业自身特有的技术进步，A_t 表示总体经济中的技术进步水平。因此，通过对（4.3）式进行差分可以得到：

$$\Delta \ln K_{it} = \gamma_1 \Delta \ln Y_{it} - \gamma_2 \Delta \ln UC_{it} + \lambda_t + \phi_i \qquad (4.4)$$

其中，$\lambda_t = \ln A_t$，反映了全要素生产率的时间效应，ϕ_i 则表示企业技术进步的个体效应。

企业在资本的调整过程将通过投资来达到最优资本存量。但是考虑到资本调整成本以及其他一些短期因素，企业无法在当期立即通过投资达到最优资本存量水平，投资本身是一个动态调整的过程。参考 Chatelain 等（2003），可以将（4.4）式写成如下分布滞后回归模型，并加入随机扰动项：

$$A(L)\Delta \ln K_{it} = B(L)\gamma_1 \Delta \ln Y_{it} - C(L)\gamma_2 \Delta \ln UC_{it} + \lambda_t + \phi_i + \varepsilon_{it} \quad (4.5)$$

其中，$A(L)$、$B(L)$、$C(L)$ 均是滞后算子，反映出资本调整的动态过程。在（4.5）式中，根据 $\ln(1+x) \approx x$ 的近似算法，$\Delta \ln K_{it}$ 可以近似等于 I_{it}/K_{it-1}。这样就可以得到企业投资的动态方程。

最后，考虑到上述理论中隐含了完全资本市场的假设，即企业在进

行投资决策时不会面临融资约束，但是现实中资本市场并不完全，许多企业（尤其是中小型私营企业）不能够在资本市场上自由借贷和融资，企业投资的资金来源多数是其内部自有资金，此时企业的资本流动性也会作为一项重要因素影响到企业的投资活动。因此，本章还在实证模型中考虑企业的资本流动性，将其作为反映融资约束的代理变量。

根据以上分析，可以将（4.5）式进一步扩展，得到如下回归模型：

$$I_{it}/K_{it-1} = A'(L)\theta I_{it-1}/K_{it-2} + B(L)\gamma_1 \Delta \ln Y_{it} - C(L)\gamma_2 \Delta \ln UC_{it}$$
$$+ D(L)\gamma_3 Liquidity_{it} + \lambda_t + \phi_i + \varepsilon_{it} \qquad (4.6)$$

其中，$A'(L) = L^{-1}(1 - A(L))$，$D(L)$ 也是滞后算子，$Liquidity_{it}$ 表示企业的资产流动性。（4.6）式作为本章研究的基础，反映出企业投资比率的动态调整过程，并且考虑了影响投资行为的因素。因此该式将作为本章以下实证分析部分的回归模型，需要说明的是，时间效应 λ_t 将通过加入时间虚拟变量来代替。

二、实证分析

（一）数据介绍

本章所用的数据来源于"全部国有及规模以上非国有工业企业数据库"（原始数据来源于国家统计局），该数据库包括了 1998—2009 年所有国有及年销售收入 500 万元以上的工业企业的众多指标，具有样本量大、指标齐全等优点。考虑到所得税政策改革是从 2007 年开始，新所得税法于 2008 年开始实施，因此本章研究选取的样本区间为 2005—2009 年，即在政策变动的 2007 年往前后各推两年。

在数据筛选过程中，为了避免受到企业进入与退出的影响，筛选出2004—2009 年每年连续出现的企业[①]，得到了 118345 个样本，这样就形成了时间跨度为 6 年的面板数据，以便在模型估计中能够适当控制个体效应。由于统计工作中可能存在的误差，还需要对数据中存在的一些不

---

① 由于实证模型需要用到滞后项，选择从 2004 年开始筛选连续出现的样本。

符合实际情况的异常值作出处理：对总资产小于或等于零，固定资产小于零，流动资产小于零，实收资本小于或等于零，流动负债、长期负债、总负债小于零，销售收入小于或等于零，企业员工数为零，支付利息小于零的企业样本进行删除。此外，西藏的企业较少，因此将所在地区为西藏的企业删除。通过以上筛选过程，得到了90807个企业2004—2009年的平衡面板数据。

由于资本成本模型需要使用投资品价格与产出品价格以及长期国债收益率，本章还使用了来自《中国统计年鉴》的工业品出厂价格指数和固定资产投资价格指数，以及来自CCER国债现货交易数据库的8～10年国债到期收益率的数据。资本成本模型中的企业经济折旧率则使用《中国统计年鉴》中大中型工业企业的本年折旧与固定资产原值之比计算得到的综合折旧率来代替。

表4.1给出了本章实证研究中所用的指标及其构建方式。

表4.1　　　　　　　　　　　**所用指标构建方式**

指标	构建方式
I_{it}	期初固定资产总值 – 期末固定资产总值[1]
K_{it}	期末固定资产总值
Y_{it}	当年销售额
$Liquidity_{it}$	（流动资产 – 流动负债）／总资产
UC_{it}	参见下文的资本使用成本计算

注：1. 需要注意的是，其中还包含了当年计提固定资产折旧，但是在此处并不影响结果，因为可以把折旧率作为常数项放在回归方程中。

（二）资本成本计算

在对上文中根据投资—资本成本理论建立的回归模型（4.6）式进行估计之前，需要首先对资本使用成本进行估算，将所得税改革对资本成本的影响充分考虑进来。本小节对资本成本的计算是基于本章第二节给出的（4.2）式。在使用该式进行计算之前，有几点需要说明：

（1）资本成本计算是对每家企业每年都进行计算。

（2）公式中的投资品价格 P^I 与产出品价格 P 分别用企业所在地区的固定资产投资价格指数与企业所属行业的工业品出厂价格指数代替。

（3）企业借贷利率 AI 通过企业当年支付的利息与总负债之比计算，并删除异常值。

（4）长期国债收益率 LD 用当年挂牌交易的 8～10 年国债到期年收益率平均值代替。

（5）资本经济折旧率 δ 用大中型工业企业的本年折旧与固定资产原值之比计算得到的综合折旧率来代替。

（6）本研究主要根据企业所得税法的改革对企业所得税率 τ 进行设定，这也是本研究的重点。具体如下：根据企业所得税法，在 2008 年之前，以内资企业为主体的企业所得税率为 33%，以外资企业为主体的企业享受优惠税率为 15%，小微企业分别享受 18%、27% 的优惠，具体为应税所得额低于 3 万元的企业享受 18% 的税率，应税所得额在 3 万元到 10 万元之间的企业享受 27% 的税率；2008 年之后新企业所得税法开始实施，内外资企业统一实行 25% 的税率，直接降低了内资企业的税率，同时对于原来享有 15% 税率优惠的企业实施过渡性政策，即 2008 年实行 18% 税率，2009 年实行 20% 税率，以后各年逐步增加到 25%；改革后对小微企业实行 20% 的优惠税率，但是新税法对小微企业的界定与改革前不同，其中对于工业企业，规定应税所得额低于 30 万元，从业人数低于 100 人，且资产总额低于 3000 万元的企业为小微企业。可以说新税法的改革进一步扩大了小微企业的范围，从而在很大程度上促进了对中小型企业的扶持。此外，由于高新技术企业在改革前后均享有 15% 的优惠税率，本研究将不予考虑。

（7）资本成本公式中的未来计提折旧现值 z 的计算方法为

$$z = \sum_{n=1}^{T} \frac{\delta}{(1+i)^n}$$

其中，T 表示平均资产折旧年限，且 $T = (1-\theta)/\delta$，θ 表示残值率，本研究中取 5%；i 表示贴现率，用央行再贴现率代替。表 4.2 给出了各年资本成本计算结果的一个简单描述性统计。

表4.2　　　　　　　　　　　资本使用成本描述性统计

年份	总样本		国有企业		外资企业		其他内资企业	
	样本量	*UC* 样本均值	样本量	*UC* 样本均值	样本量	*UC* 样本均值	样本量	*UC* 样本均值
2004	90807	0.087	3447	0.085	18693	0.082	68667	0.088
2005	90807	0.081	3361	0.078	18654	0.076	68792	0.082
2006	90807	0.083	3236	0.080	18680	0.079	68891	0.084
2007	90807	0.092	3219	0.087	18799	0.088	18789	0.093
2008	90807	0.114	3158	0.109	18587	0.114	69062	0.115
2009	90807	0.074	3149	0.069	18585	0.074	69073	0.075

通过观察表4.2，可以发现，从整体来看资本成本在2004—2007年处于平稳缓慢增长的过程，其中在2005年有略微降低。自所得税法改革之后，在2008年资本成本出现了一个较高的增长，而到2009年则回落到一个与前几年相比都较低的水平。根据资本成本理论，本次所得税的改革应该在很大程度上降低企业的资本成本。而数据显示的2008年资本成本上升的现象与预期不符，其原因可能来自于2008年爆发的国际金融危机的影响。因此从总体上来说，可以认为所得税的改革还是在很大程度上降低了企业的资本成本。此外，通过对国有企业、外资企业以及其他内资企业的数据进行对比，可以发现：国有企业相比其他企业来说，资本成本较低，这与我国的实际情况也是相符的；外资企业在改革前与国有企业的资本成本基本处于同一水平，而在改革之后则明显高于国有企业；最后对比外资企业与其他内资企业，可以发现在所得税改革之前外资企业的资本成本较低，而在所得税制度改革之后两种类型企业基本面临相同水平的资本成本。这也在一定程度上反映出本次所得税制改革在统一内外资企业所得税制度、扶持内资企业方面发挥的作用。

（三）投资动态调整模型估计

在对企业的资本成本进行估算之后，下一步将使用估算结果代入上文构建的回归模型（4.6）式中展开实证分析。在回归中将滞后阶数设定为一阶，假设企业的投资调整只受到滞后一期经营状况的影响。此外，考虑到当期的变量与当期资本投入（K_t）的相互影响作用可能导致模型存在内生性问题，故回归方程右方只包括滞后期的解释变量①。

在对模型进行估计之前，我们需要注意到该模型还存在着两个问题：

（1）本章建立的回归模型属于动态面板模型，因此会导致被解释变量的滞后项（即方程右边的 I_{it-1}/K_{it-2}）与模型中的个体效应 ϕ_i 相关，从而导致内生性问题；

（2）考虑到方程中的被解释变量是企业投资率，而企业投资或者为零，或者大于零，即存在数据的截断性，因此在模型估计中传统的线性面板数据模型估计方法将不再适用。

基于以上两个问题，本章通过使用一个动态面板 Tobit 模型估计方法对（4.6）式进行估计。为了方便介绍，下文将先给出一个一般化的动态面板 Tobit 模型结构：

$$y_{it} = \max(0, z_{it}\delta + \rho_1 y_{i,t-1} + c_i + u_{it})$$
$$u_{it} \mid (z_i, y_{i,t-1}, \cdots, y_{i0}, c_i) \rightarrow N(0, \sigma_u^2), t = 1, \cdots, T$$

其中，y 表示解释变量，z 为模型中的其他外生解释变量，c 表示个体效应，u 为随机扰动项，下标 i 和 t 分别表示不同的个体与时间。对于这样的一个模型，估计中主要有以下两个难点：

第一，面板数据相对于截面数据的优势则在于可以控制其中的个体效应 c_i，而在动态面板模型中，方程右边包含了被解释变量的滞后项 $y_{i,t-1}$，因此导致了该项与个体效应 c_i 相关，从而使模型估计中存在内生性问题。

第二，在线性模型的框架下，第一个问题完全通过对方程进行差分或者组内相减将个体效应删除而得到解决。但是在这样一个非线性模型框架下，无法对方程进行差分或者组内相减来消除个体效应。

关于个体效应的假设分为两种：固定效应与随机效应，而对固定效应下的 Tobit 模型估计目前还未有合适的方法。因此本章将参考 Wooldridge（2010，Chapter17）中介绍的方法，根据 Heckman（1981）以及

---

① 考虑到企业的实际投资通常是根据期初的企业状态进行决策，因此这样的处理也不失一般性。

Chamberlain（1984）提出的处理方法，通过对被解释变量的初始状态以及个体效应进行一些假定，在某种程度上允许个体效应与解释变量的相关性，然后在随机效应的框架下对模型进行估计。为了内容的完整性，下文将稍作介绍。

首先，假设个体效应 c_i 以及被解释变量初始状态 y_{i0} 给定，可以将每个个体观测值 $(y_1, y_2, \cdots, y_T)$ 的条件密度函数写为

$$\prod_{t=1}^{T} f(y_t \mid y_{t-1}, \cdots, y_1, y_0, z, c; \theta)$$

然后，对个体效应 c_i 以及被解释变量初始状态 y_{i0} 进行设定，并且有

$$c_i = \psi + \xi_0 y_{i0} + \bar{z_i}\xi + a_i$$

$$a_i \mid (y_{i0}, z_i) \to N(0, \sigma_a^2)$$

其中，$\bar{z_i}$ 为个体 i 其他外生变量在时间 $t = 1, \cdots, T$ 的均值，这样的处理在一定程度上允许了个体效应与解释变量的相关性。根据以上设定，可以得到如下似然函数：

$$\prod_{i=1}^{n} \int \Big[\prod_{t=1}^{T} f(y_t \mid y_{t-1}, \cdots, y_1, y_0, z, c; \theta) \Big] \frac{1}{\sigma_a} \phi(a_i / \sigma_a) da_i$$

最后，运用极大似然估计（MLE）的方法对模型参数进行估计。

表4.3汇报了估计结果。此外，为了便于比较，下文还将汇报使用线性面板随机效应模型对参数的估计结果，考虑到被解释变量滞后项与个体效应的相关性，本章使用解释变量（$Liquidity_{-1}$）的滞后项作为其工具变量[1]。表4.3汇报了该方法的估计结果。

表4.3　　　　　　　　　投资动态调整模型估计结果[1]

解释变量	线性面板模型	动态面板 Tobit 模型		
		参数估计值	平均偏效应[2] (1)	平均偏效应 (2)
I_{it-1}/K_{it-2}	0.044 *** (0.008)	− 0.042 *** (0.004)	− 0.015 *** (0.001)	− 0.019 *** (0.002)

---

① 考虑到回归方程已经用到了一阶差分，如果对方程进行多次差分，将造成信息损失，因此本文未使用 Arellano – Bond 提出的动态 GMM 估计方法。

解释变量	线性面板模型	动态面板 Tobit 模型		
		参数估计值	平均偏效应[2] （1）	平均偏效应 （2）
$L. \Delta \ln Y_t$	0.058 ***	0.016 ***	0.006 ***	0.008 ***
	(0.002)	(0.003)	(0.001)	(0.001)
$L. \Delta \ln UC_t$	− 0.045 ***	− 0.159 ***	− 0.055 ***	− 0.075 ***
	(0.004)	(0.006)	(0.002)	(0.003)
$L. Liquidity_t$	0.110 ***	0.477 ***	0.166 ***	0.224 ***
	(0.002)	(0.007)	(0.002)	(0.003)
I_{i0}/K_{i0}		0.045 ***	0.016 ***	0.021 ***
		(0.003)	(0.001)	(0.002)

注：1. 需要说明的是，本文在模型估计中还包含了时间虚拟变量，用来控制时间效应。

　　2. 偏效应即 $\partial e(y|x)\partial x$，表4.3 中的平均偏效应（1）指在被解释变量取正值下的条件偏效应（Conditional on $I_{it}/K_{it} > 0$），而平均偏效应（2）为非条件偏效应。

在以上回归结果中，我们所关注的主要是资本成本对企业投资的影响系数，观察两种方法的估计结果，可以发现资本成本与企业投资之间存在着显著的负向关系，其中使用 Tobit 模型估计的结果显示资本成本对企业投资率的平均偏效应为 − 0.075，说明企业的资本成本每降低 1%，将促进企业新增固定资产和设备投资，投资率（新增投资占总资产比率）达到 7.5%，说明了资本成本的降低将对企业投资产生显著的激励作用。

此外，通过观察其他变量的系数估计结果可以发现：首先，企业的销售额与投资具有显著的正向关系，这也就说明了企业的生产与销售规模越大，企业的投资规模越大；其次，企业的资产流动性也存在着与企业投资的显著正向关系，反映出由于中国的资本市场发展不健全，企业的投资规模受到了融资约束的限制；最后，使用动态面板 Tobit 模型得到的投资率滞后项的偏效应为 − 0.015 和 − 0.019（对应到表4.3 中最后两列的平均值效应（1）和平均偏效应（2），分别指条件偏效应与非条件偏效应），而投资率初始状态 I_{i0}/K_{i0} 的两个偏效应为 0.016 和 0.021，该结果表明了在企业投资的动态调整过程中，当期投资将在初始的投资规模下根据上一期的投资进行一个负向的调整，即如果企业在上一期投资比率较高，那么相应的企业在当期将会减少投资，而企业的规模则决定了企业在初始状态下的投资规模。这一点在线性面板数据估计结果中却没有反映出来。

（四）所得税改革对企业投资影响的半参数估计

上文主要在企业投资—资本成本理论模型的框架下展开分析，结论基本表明了我国实行的所得税改革在一定程度上通过降低企业的资本使用成本提高了企业的投资规模。本节还将继续通过使用政策评价的方法进一步对此次所得税改革中税率的变化，对投资的激励作用进行分析。我们可以将此次税制改革看作一个自然实验，然后对控制组与实验组的结果进行对比来评价此次改革的政策效应，分析所得税率的变化对企业投资的影响作用。

众所周知，在政策评价中，通常是通过在模型中引入一个虚拟变量（0，1）型来表示个体是否受到政策的影响，进而通过估计模型中该变量的系数来反映政策效应，这种方法在实证研究中具有非常强的应用价值。此处将应用第三章提出的平均处理效应半参数估计方法，对所得税率变化对企业投资行为的影响进行政策评价。具体地，可以将模型设定为

$$LnInvestment = m(X) + D(\alpha_0 + \varepsilon) + u_1 \qquad (4.7)$$

其中，（4.7）式中的被解释变量为企业当年新增投资的自然对数，方程右边的 $m(X)$ 为影响企业投资的主要解释变量的函数，但是未对函数形式进行参数形式设定。D 为反映企业在所得税改革中的实际税率变化的虚拟变量。考虑到本书的研究背景，即本次所得税改革中除了多数企业（主要是内资企业）的税率发生显著下降外，还有部分企业的税率（如多数外资企业）存在一定程度（过渡性）的提高，因此分别设立了反映企业在所得税改革中实际税率是否下降，与实际税率是否上升的两个虚拟变量，同时将实际税率在所得税改革中未发生明显变化的企业视作控制组，来分别考察税率下降企业与税率上升企业的投资行为变化。根据上文的投资动态调整模型设定，（4.7）式中的其他解释变量 X 包含了企业

规模、企业资产流动性等因素，并同时控制了企业所属行业和所在地区，具体的变量选择与线性模型（4.8）相同，请见下文。

根据所得税法的调整，2008 年后企业面临的实际所得税率取决于企业的规模、研发行为、环境保护行为等各种因素，因此，企业实际税率的变化也存在一定的自选性，导致政策虚拟变量 D 既可能与 ε 有关，也可能与 u_1 有关。此时，就需要首先对决定 D 的选择模型进行设定：

$$d = \{g(w) - u_2 > 0\}$$

在模型设定中需要注意，模型识别需要满足排除性限制条件。此处，W 中包括了在此次所得税法改革背景下，决定企业实际税率变化的一些因素，如企业资产规模、企业性质、企业创新参与度、所属行业性质等因素。类似于其他半参数估计的应用文献，本实证研究中同样未考虑用来调整边界偏差的修正因子。在此设定下，使用第三章提出的半参数估计方法对模型（4.7）进行估计，分别来分析所得税改革中实际税率降低或升高对企业投资行为的影响。由于该模型估计量方差的计算公式复杂，此处将使用 bootstrap 的方法来估计方差。

本章将同时使用线性参数模型对税率变化对企业投资的政策影响进行评价，以作对比。鉴于样本数据结构为面板数据，本书选择双重差分法（DID）进行参数模型估计。双重差分法的思想是在控制一些外生性变量影响的同时，通过比较控制组与实验组个体在所得税法改革前后行为变化的不同表现，得到政策效应的一致估计。具体回归模型如下：

$$
\begin{aligned}
LnInvestment_{it} = &\alpha + \gamma LnInvestment_{it-1} + \beta_1 \ln L_{it} + \beta_{11} \ln L_{it-1} \\
&+ \beta_2 Liquidity_{it} + \beta_{22} Liquidity_{it-1} \\
&+ \beta_3 Treat_i + \beta_4 After_t + \beta_5 Treat_i \times After_t \\
&+ \delta_1 sector_i + \delta_2 location_i + c_i + \xi_t + u_{it}
\end{aligned} \quad (4.8)
$$

其中，α 为常数项，c_i 为反映异质性特征的个体效应，ξ_t 反映时间效应，$sector_i$ 与 $location_i$ 分别指不随时间变化的企业所在的行业和地区。需要说明的是：

（1）为了反映政策性变化对企业投资的相对影响作用，在方程左边对企业投资取对数，但是由于企业投资存在等于零的情况，为了解决这一问题，我们将投资为零的企业对应的投资额改为 0.1（即改为非常小的值，这样的处理既避免了无法取对数的问题，又不会对模型的估计造成太大的影响）。

（2）在（4.8）式中使用了 L，即企业的员工人数，而非上文中用到的销售额 Y。关于这一点，主要是考虑到销售额（生产）本身是投资的函数，导致模型中存在内生性，而使用企业的员工人数则在一定程度上可以反映企业生产与销售的规模，因此可以将其作为企业规模的代理变量。

（3）（4.8）式中 $Treat$ 为企业的税率是否发生变化（即企业是否为处理组）的虚拟变量。考虑到本书的研究背景，即本次所得税改革中除了多数企业（主要是内资企业）的税率发生显著下降外，还有部分企业的税率（如多数外资企业）存在一定程度（过渡性）的提高，因此 $Treat$ 的设定区别于传统的（0，1）型虚拟变量，本书将其设定为（-1，0，1）型变量。具体设定如下：对于在所得税改革中所得税率降低的企业，该变量取值为 -1；对于所得税率上升的企业，该变量取值为 1；对于税率没有变化的企业，该变量取值为 0（控制组）。变量 $After$ 为时间变量，在 2008 年之前，该变量取 0，2008 年之后该变量取 1。因此，模型中的关键变量为交叉项 $Treat_i \times After_t$，该交叉项的系数反映了此次所得税改革中企业所得税率变化对企业投资的影响作用。

根据表 4.4 中的参数估计结果，不难发现，无论是使用双重差分（DID）的参数估计方法，还是使用本书所提出的半参数处理效应估计方法，所估计出的所得税率变化对企业投资的影响作用是一致的。具体来讲，双重差分法得到的估计结果表明，企业税率下降（或上升）1 单位导致相应企业的投资额平均上升（或下降）8.8%；半参数估计结果表明，相比所得税率未发生明显变化的企业，所得税率上升的企业投资额出现了约 20% 的下降幅度，而所得税率下降的企业投资额出现了约 17% 的上升幅度。这些参数估计结果的显著性水平都达到 1%。半参数方法得到的系数估计值明显大于 DID 的系数估计，这可能在一定程度上说明，DID 的方法可能会忽略企业税率变化中企业自身行为导致的自选性，而低估了税率变化的政策效应。此外，本次所得税改革中，考虑到大部分内资企业的税率都发生了明显的下降，面临税率上升的企业多数是曾经享有较大税率优惠的外资企业，而政策也都给予这些企业一个税率逐步上升的过渡期，因此，本次所得税改革从整体上提高了国内企业（以内资企业为主）的投资积极性。

表4.4 政策评价估计结果

解释变量	被解释变量：*LnInvestment*			
	DID（动态面板数据模型 GMM 估计）		半参数处理效应估计	
Treat × After	-0.088 ***	-0.079 ***		
	(0.024)	(0.024)		
D_taxup × After			-0.201 ***	
			(0.049)	
D_taxdown × After				0.169 ***
				(0.048)
Lag. Lninvestment	0.007 ***	0.019 ***	控制	控制
	(0.002)	(0.002)		
Lnlabor	0.753 ***	0.842 ***	控制	控制
	(0.032)	(0.034)		
Lag. Lnlabor	0.584 ***		控制	控制
	(0.034)			
Lnliquidity	4.206 ***	3.886 ***	控制	控制
	(0.061)	(0.063)		
Lag. Lnliquidity	1.134 ***		控制	控制
	(0.061)			
时间	控制	控制	控制	控制
行业和地区	控制	控制	控制	控制

注：1. 表中数字为估计参数值，括号内为相应的标准差；

2. *** 表示在1%的显著性水平下显著，** 表示在5%的显著性水平下显著，* 表示在10%的显著性水平下显著。

根据其他变量的系数估计结果，可以得到与上文类似的结论，一方面，企业的规模（生产或经营）在很大程度上会影响企业的投资规模，而另一方面，由于资本市场的不完全性，企业的自有资本流动性也对企业的投资行为形成了一定的制约作用。

第四节　企业投资效率分析

上文通过建立理论模型以及政策评价讨论了所得税改革通过降低企业面临的资本成本，从而对企业投资的激励作用。还存在的一个问题是：虽然所得税改革对多数企业（特别是内资企业）的投资规模形成了激励作用，但是在企业投资规模扩大的同时，企业的投资是否有效呢？对这个问题的回答在一定程度上将成为评价所得税政策对企业财务影响作用的关键。因为如果本次改革只是在量上促进了企业投资，而企业的投资效率处于较低水平，那么将在很大程度上弱化本次改革对实体经济发展的促进作用。因此，我们需要针对此问题作进一步的分析，研究近几年企业投资的效率是如何变化的，以及企业的投资效率主要受到哪些因素的影响。本节将主要针对此问题展开。企业的投资效率即资本回报率，通过对资本回报率进行回归分析，可以发现企业投资效率随时间、企业性质、行业、地区是如何变化的。

在我国的经济发展中，投资一直是主要的驱动因素，而对比国际上其他国家，我国的投资率也一直处于较高的水平，近年来投资占 GDP 的比率超过 40%（Bai et al.，2006），引起了众多学者的关注。一个重要的问题便是：中国的投资规模是否太大了呢，中国的如此大规模的投资是否是有效的呢？有不少文献针对此问题进行了讨论，包括对我国投资效率的估算和分析（Bai et al.，2006），其研究投资效率随着时间的变化趋势，从而分析我国的投资是否拉动了经济增长。此外，也有文献（Dollar and Wei，2007）使用企业层面的数据，从微观角度分析投资效率，讨论了不同所有制企业的投资效率的差异。

投资效率指企业的资本投入（固定资产投入以及设备更新）是否有效地提高了企业的生产效率。文献中多用资本的回报率来评价投资效率（如 Bai et al.，2006；Dollar and Wei，2007），资本回报率通常使用资本的边际产品价值（Marginal Revenue Product，MRP）或者平均产品价值（Average Revenue Product，ARP）来衡量。特别的，如果假设企业的生产函数为 Cobb – Douglas 形式，那么资本的边际产品价值（MRP）与平均产品价值（ARP）是成比例的。在实际应用中，由于资本的边际产品价值通常是不可观测的，本书将使用资本的平均产品价值来进行分析，计算公式为

$$ARPK_{it} = p_t Y_{it} / K_{it}$$

其中，$p_t Y_{it}$ 为企业的总产值，K_{it} 为企业的固定资产存量，表 4.5 为各年资本平均产品价值的描述性统计结果。

表 4.5　　　　　　　　资本平均产品价值描述性统计

年份	均值	方差	中位数
2004	9.024	11.883	4.465
2005	9.246	11.366	4.963
2006	9.786	11.715	5.332
2007	10.497	12.249	5.781
2008	10.574	12.413	5.761
2009	10.712	12.922	5.552

根据表 4.5，可以大致地看出我国工业企业的资本回报率在 2004—2009 年总体上呈现缓慢上升趋势，这也在一定程度上反映出我国企业的投资效率是在不断提高的，说明了通过实施一些政策来促进企业投资将是一项比较有效的促进企业经济发展的措施。从表 4.5 还发现，投资效率的中位数显著低于其平均值，这就说明了在我国工业企业中，存在显著的发展不均衡的事实，即少数企业具有非常高的资本回报，而多数企业的资本回报则处于较低水平。这一现象告诉我们我国工业企业仍然存在着进一步发展的空间，即可以通过改进一些投资效率比较低的企业的生产与经营技术，提高整体的投资效率，促进企业的发展。

在使用企业的资本平均产品价值对企业的资本回报率进行估算之后，我们主要研究企业的资本回报随着时间、企业类型、行业以及地区是如何变化的，即具体分析企业的资本回报（投资效率）将受到哪些微观层

面因素的影响，并同时来看我国工业企业资本回报率在整体上随时间的变化趋势。

为了构建回归模型，下文将通过对企业进行分类，生成反映微观层面因素的虚拟变量。然后使用资本回报对这些虚拟变量进行回归。虚拟变量的构建具体如下。

（1）企业性质虚拟变量（ownership dummies）——根据企业登记注册类型将企业分为国有、集体所有、私营、联营、股份制以及外资企业等类型，并将国有企业设定为对照组；

（2）时间虚拟变量（year dummies）——根据所在年份加入时间虚拟变量，以2004年作为对照组；

（3）行业虚拟变量（sector dummies）——根据国家行业分类标准，将工业企业分为38个行业，将非金属及其他采矿业作为对照组；

（4）地区虚拟变量（location dummies）——企业所在地区按其所在省份分类，包括除西藏外的30个省份，其中将北京作为对照组。

构建方程，得到的回归方程如下：

$$\ln ARPK_{it} = \sum sector - dummies_i + \sum location - dummies_i \\ + \sum ownership_i + \sum time - dummies_t + \eta_{it} \qquad (4.9)$$

在（4.9）式中，这些虚拟变量的系数反映了该类型企业相对于对照组的投资有效性。由于我们关心的变量多为不随时间改变的虚拟变量，在估计方法选择中，可以选用随机效应面板数据回归方法，表4.6给出回归结果[①]。

根据表4.6的结果，不难发现以下几点。

（1）在我国的工业企业中，私营企业与集体所有制企业的投资效率相对较高；而相比其他所有制企业，国有企业的投资效率处于较低的水平；此外，股份制企业与外资企业投资效率相对于私营企业来说也处于较低水平。这就在一定程度上反映出国有、股份制等大型企业的投资效

---

① 考虑到行业与地区虚拟变量过多，表4.6未展示模型中行业、地区的虚拟变量系数估计值，有需要可以向作者索取。

率相对于一些私营企业来说较低，因此在制定政策时也需要考虑到这一点，在提高这些大型企业的经营绩效的同时，还需要扶持私营企业，通过一些优惠性政策等为私营企业创造良好的投资环境，从而促进私营企业的投资与发展。

（2）从时间上来看，从 2006 年开始，我国工业企业的投资效率总体上不断上升，说明了随着近年来企业投资额的增加，企业的投资有效性也在提高。这也说明了企业所得税改革不仅在规模上促进了企业（主要为内资企业）的投资，而且随着企业投资效率的提高，所得税改革更是在实质上促进了我国企业生产力的提高。因此我们可以认为本次所得税改革在通过投资激励促进企业经济发展方面起到了非常显著的作用。

表4.6 资本回报率回归模型估计结果

解释变量	系数估计	解释变量	系数估计
timedummy2005	-0.014^{***} (0.004)	state - owned	-0.404^{***} (0.017)
timedummy2006	0.055^{***} (0.004)	collectively - owned	0.150^{***} (0.012)
timedummy2007	0.139^{***} (0.004)	associated	-0.026 (0.054)
timedummy2008	0.147^{***} (0.004)	joint - stock	-0.117^{***} (0.006)
timedummy2009	0.158^{***} (0.004)	foreign	-0.264^{***} (0.008)

根据行业与地区的虚拟变量系数估计结果，可以发现投资效率在不同地区以及不同行业之间存在着明显的差异。比较值得一提的是，研究发现，在一些被大型国有企业高度垄断的行业，如水的生产和供应业，电力、热力的生产和供应业，燃气生产和供应业，石油和天然气开采业，其投资效率相较于其他行业处于非常低的水平，这其中的原因除了这些行业中存在规模经济（其要求的固定资产投入规模较高）的因素外，同时也反映出这些国有垄断行业中存在的投资低效问题。此外，在我国的一些中西部地区，包括青海、山西、新疆、云南、宁夏等，也存在着企

业的投资效率偏低的现象，而投资效率相对较高的地区则基本分布在如上海、福建、江苏、山东、广东等东部地区，这与我国经济发展现状也是相符的。

第五节　本章小结

本章主要研究了中国工业企业的投资行为以及新企业所得税法的实施对该投资行为的影响作用。文中首先构建企业投资行为的理论模型，并将企业所得税的影响包含到投资成本中，进而通过对企业投资—资本成本模型的实证分析来探讨企业所得税率的变化通过影响企业投资成本对企业投资的激励作用。研究发现企业资本成本对企业的投资有着显著的负向作用，而所得税改革通过降低企业面临的资本成本提升了企业的投资规模。然后，文中进一步通过构建回归模型，并同时使用了半参数政策评价方法和当前流行的政策评价参数估计方法（双重差分法，DID），对所得税改革的效应进行了直接的评价，讨论了所得税改革中税率变化对企业投资的激励作用，分析结果也证明了该作用的显著性。最后，为了进一步地探讨本次所得税改革对企业生产力的实际促进作用，文中还针对企业投资的效率展开了讨论，研究在投资激励作用下企业的投资是否有效，企业的资本回报率是如何变化的。研究结果表明，自 2006 年开始，我国工业企业的投资效率总体上呈现不断上升的趋势，说明了伴随着近年来企业投资额的增加，企业的投资有效性也在提高。这也从另一个角度说明了企业所得税改革不仅在规模上促进了企业投资，而且随着企业投资效率的提高，更是在实质上促进了企业生产力的提高。因此，本次所得税改革通过对企业投资的激励实现了促进企业生产力提高和企业发展的目标。

第五章　企业税负与自主创新

第一节　引　言

自熊彼特创新理论（Schumpeter，1934）诞生以来，创新问题成为了国内外学界的热点问题。熊彼特认为，创新的本质是"产业突变"或"创造性破坏"，而这种"创造性破坏"是经济增长的根本动力（陆国庆，2011）。因此无论是从国家、地区的宏观角度来讲，还是从部门、产业到企业的微观角度来讲，创新都意味着生产力的提高，意味着经济的增长。企业作为构成宏观经济的微观主体，其创新行为及创新动力则成为了整个经济运行的驱动力，因此关于企业创新的决定因素的研究也就一度成为了研究热点。本书关注的第二个问题就是企业面临的税负对其创新行为的影响。当前，国家的企业税收政策法规制定了许多针对创新企业的税收优惠措施，以鼓励企业的创新行为。这些税收优惠措施对于企业的创新真的存在正面的激励作用吗？其实际的激励作用又是否有效推动了企业创新绩效的提高？回答这些问题对于我国进一步优化税收政策，更好地实现税收政策对企业创新行为及创新绩效的优化调节作用，都具有重要的借鉴意义。本章主要关注企业实际税负对企业创新主动性的调节影响作用。

本章的研究基础主要是企业的创新决策机制。针对已有文献的不足，本章希望能够提出较为合理的研究框架，用理论模型和实证分析相结合的方法对企业的创新决策展开研究，并讨论企业税负变化在其中的影响机制。理论部分参考已有理论并结合中国企业的特点，提出一个企业研发行为的决策理论，分析企业研发决策的内在影响因素及影响机理。在实证中，主要建立研发行为决策模型，并在模型中加入企业税负作为核心变量。在实证模型估计中，选用了面板数据 Probit 模型估计方法，并考虑了个体效应与其他回归变量的相关性（Chamberlain，1984），从而得到了相较于混合截面回归或面板数据线性概率模型更加准确的参数估计结果。

本章的其余部分安排如下：本章第二节是理论模型，根据理论模型分析，对企业研发决策进行建模，并推导出影响企业研发决策的主要因素。第三节是实证分析部分，基于第二节的理论框架，建立了描述企业研发决策的二元选择模型，并在模型中加入企业实际税负作为核心解释变量，对企业税负对企业自主创新的影响作用进行实证分析，进而评价税收优惠政策对企业研发活动的实际激励作用。第四节为实证结果分析，根据实证结果就税收优惠激励对企业研发活动的促进作用进行分析总结。第五节为本章小结。

第二节　研发行为决策理论模型

关于企业的研发行为决策理论，最早可追溯到 Schumpeter（1942，1950）提出的企业规模促进研发的论断，之后的许多文献也都是在该理论的基础上进行扩展或者实证检验，但是关于企业规模对研发的影响一直未能达成一致认识。Schumpeter 认为市场结构会影响企业的研发投入。之后也有众多文献对此展开研究，但是许多研究由于使用的研究方法不同，选取的变量不同，研究结果也存在不一致。此外，近年来许多研究也会强调需求拉动、技术机会以及企业的研发环境等一些在不同产业存在差异的因素（Lee，2003）。但是，正如 Lee（2003）所指出的，大部分的研究是从不同角度使用各种不同方法进行实证分析，缺乏一个合理规范的理论结构为实证提供一定的指导。因此，为了更科学地研究企业研发行为的内在影响机制，Lee（2003）通过建立模型推导出企业在决策中面临的优化问题，从而得到企业的最优研发投入水平，本章沿用该理论的主要结果和我国工业企业的特点来形成企业研发行为决策的主要结构。

假设某个行业中有 n 家企业，每家企业分别生产不同的产品。于是

企业 i 的市场份额就仅取决于消费者相对于这个行业中每样产品的偏好，表示为

$$m = m(U, \overline{U})$$

其中，U 表示 i 产品给消费者带来的效用，$\overline{U}$ 表示由其他企业生产的产品给消费者带来的效用。此外，我们假设消费者的偏好由产品本身的技术水平以及产品的价格决定，即

$$U = V(T, P) + \varepsilon$$

其中，V 表示消费者关于产品技术质量（T）以及价格（P）的效用函数，ε 误差项表示可能会影响到消费者偏好的其他未知因素。假设效用函数连续可微，并且 $m_V > 0$，$V_T > 0$，且 $V_P < 0$；假设产品技术水平是研发投入的直接产出，那么产品技术的生产函数可以表示成如下形式：

$$T = T(R, G)$$

其中，R 表示研发投入，G 表示影响产品技术的其他因素，而且同样假设该函数是连续可微函数。给定已有的生产技术水平，企业的有效研发投入可以表示为

$$R = r + \theta M$$

其中，r 表示当期的研发支出，M 表示已有的技术存量，θ 表示企业已有的技术对当期研发的相对作用水平。考虑到企业在研发活动的效率方面具有异质性（即研发投入的产出效率不同），因此我们在此需要定义研发投入的技术产出效率（technological competence），用 λ 表示，$\lambda = (r/T)T_R$，可以理解为研发投入对技术产出的投入产出弹性，即研发投入会带来多大程度的技术水平的提高，我们将用此标准来区别不同企业由于各种因素导致的研发效率的差异。

根据上述对 λ 的定义，仍然很难对该变量形成一个具体的概念以及实现实证中的可操作性，比较合理的做法是将该因素作为一些影响研发效率的众多因素的合成。一方面，从行业角度看，不同行业中研发活动本身存在技术差异；另一方面，对于企业来说，企业研发人员的技术水平或者研发能力、与研发物质投入相对应的知识资本投入、企业对研发活动的管理效率等都会对企业的研发效率产生重要的影响。因此，为了

实证的可操作性，我们一般会选用如技术机会（行业），企业员工的专业技术水平，企业针对研发活动可能会进行的专业培训，或者在干中学的能力以及企业对研发活动的管理能力等作为代理变量。

根据以上设定，可以得到如下企业面临的利润函数：

$$\prod(r,p) = pm(r,p,D)Q - c(r)m(r,p,D)Q - r$$

其中，$m(r,p,D)$ 表示企业的市场份额，是产品价格和研发支出，该企业竞争者的产品价格以及研发支出的函数表达式；参数 Q 表示该行业面临的市场上可能的最大需求量；$c(r)$ 表示产品的边际成本，将其表示为研发支出的函数，说明企业研发投入会通过提高生产技术进而改变产品的生产成本。这里研发的投入不仅提高了产品的技术质量，并且改变了产品的生产技术，进而影响了生产成本。也就是说，本模型同时考虑了研发活动在产品创新以及技术创新中起到的作用。

通过对企业的利润函数一阶求导，得到如下的最优研发支出水平：

$$\begin{cases} r = \left(\dfrac{1}{\Phi}\right)\left(\dfrac{\delta^q}{\delta^p}\right)\lambda S \\ \Omega\left(\equiv \dfrac{r}{S}\right) = \left(\dfrac{1}{\Phi}\right)\left(\dfrac{\delta^q}{\delta^p}\right)\lambda \end{cases} \tag{5.1}$$

其中，Φ 表示研发的边际成本，即研发支出本身带来的 1 单位成本增加与其通过提高生产技术而产生的边际成本效应之和（$\Phi = 1 + mQc_r$），δ^q 表示消费者效用对产品质量的弹性，相应的 δ^p 表示消费者效用的价格弹性，λ 为前文中定义的研发投入的技术产出弹性，S 表示企业的销售收入。

从（5.1）式可知，企业的最优研发支出水平取决于以下三个影响因素：

（1）研发的成本结构以及边际成本效应。

（2）消费者对产品质量以及产品价格的偏好。

（3）企业研发活动的产出效率水平，即研发投入的技术产出弹性。

因此，（5.1）式验证了研发行为的需求拉动论以及技术推动论。

此外，需要注意的是，还需加入另外两个因素：企业规模和资产流动性。对于企业规模，虽然理论未直接显示企业规模会影响研发投入的水平,但是对于中国企业来说,通常企业规模会影响消费者偏好(品牌效应)或者企业技术水平(规模效应),且小企业往往由于会受到很多限制,从而没有能力进行自主创新活动。在企业的研发行为决策中,企业规模就成为一个不容忽略的因素,即企业的规模越大,越有动力进行自主创新。尤其考虑到在实证中我们无法准确使用某个指标控制消费者偏好与企业内部的技术水平等条件,此时模型中加入企业规模是必要的。对于资产流动性,不难发现,上述理论隐含了完全资本市场的假设,即企业在进行研发投入时不会面临融资约束,但是现实中资本市场并不完全,许多企业不能够在资本市场上自由借贷和融资,企业自主创新的资金来源多数是其内部自有资金,此时企业的资本流动性也会作为一项重要因素影响到企业的研发活动。

第三节　模型的构建与实证分析

一、模型构建

上文通过对企业研发行为的内在影响机制进行系统的分析,找到了在企业研发行为决策过程中的重要影响因素,下文将分别使用企业是否进行研发活动的(0,1)型变量和企业实际的研发支出水平作为被解释变量,对企业的研发决策进行实证分析,并重点关注企业面临的实际税负在其中的作用。其中,使用企业是否进行研发活动的虚拟变量作为被解释变量时,模型如下:

$$D_{R\&Dit} = 1\{\phi_1 Tax_{it-1} + X_{it}\beta_1 + \omega_{1i} + \eta_{1t} + u_{1it} > 0\} \qquad (5.2)$$

(5.2)式为企业是否进行研发活动的二元选择模型,其中,ω_{1i} 为企业的个体异质性,η_{1t} 为时间效应。核心解释变量 Tax_{it-1} 为企业税负(使用企业应交所得税占营业收入的比重衡量)。

使用企业的实际研发支出水平作为被解释变量时,模型如下:

$$\ln R\&D_i = \phi_2 Tax_{it-1} + X_{it}\beta_2 + \omega_{2i} + \eta_{2t} + u_{2it} \qquad (5.3)$$

(5.3)式为企业研发支出水平决定模型。其中的解释变量与(5.2)式相同；ω_{2i} 为企业的个体异质性；η_{2t} 为时间效应。根据所得税法，企业当年的实际所得税率会受其研发支出规模的影响，导致企业的研发活动决策可能与企业的当年税负存在联立性，因此模型（5.2）和模型（5.3）均使用滞后一年的企业税负变量。此外，也可以将核心解释变量设为企业是否享有税率优惠的虚拟变量（享有税率优惠取 1，否则取 0）。（5.2）式与（5.3）式中的 X_{it} 表示影响研发投入决策的其他因素，并进一步控制行业、地区等因素。变量选取依据主要是上一节的理论分析结果，具体如下。

（1）研发投入的技术产出效率。正如前面所提到的，研发投入的技术产出效率在实证中无法被准确衡量，因此，为了实证的可操作性，文献一般会选用如技术机会（行业）、企业员工的专业技术水平、企业针对研发活动可能会进行的专业培训，或者在干中学的能力以及企业对研发活动的管理能力等因素作为代理。本章相应地选取企业员工培训密度（*train*，员工培训费/销售额）、企业员工中本科以上学历所占的比例（*edu*）、高级管理人员所占的比例（*admin*）以及高级技术人员所占的比例（*hiqual*）。

（2）需求拉动因素（*demand pull*）。企业面临的消费者偏好会对研发行为产生激励作用，文中通过加入行业虚拟变量、地区虚拟变量来区分不同地区、行业面临的本土消费者行为特征。此外，将企业是否是出口企业（用虚拟变量 *dummy of export* 表示）作为一项需求拉动的因素。

（3）企业规模（文中使用员工数目 L，以及年初人均资本存量 K/L 作为企业规模的衡量指标）。

（4）资产流动性 [*liquidity* =（流动资产－流动负债）/总资产]。

（5）其他控制变量，包括：已经提到的行业虚拟变量，用来控制不同行业的技术水平、创新环境以及消费者需求等因素；地区虚拟变量，用来控制不同地区的技术发展水平、创新环境以及消费者需求等因素；考虑到国有与非国有企业的创新行为差异，加入了企业是否为国有企业的虚拟变量（*dummy of state - owned*）；此外，还加入了企业年龄（*age*）。需要说明的是，员工培训密度、员工人数、人均资本存量在使用时都取其自然对数形式。

本书使用面板数据结构进行模型估计。面板数据相比截面数据的优势在于可以控制其中的个体效应 ω_i。关于个体效应的假设分为两种：固定效应与随机效应。其中，固定效应假设解释变量与 ω_i 相关，而随机效应则假设解释变量与 ω_i 无关。模型（5.3）是线性面板数据模型，使用传统的固定效应模型估计方法即可控制个体效应，通过加入时间虚拟变量也可以控制时间效应。但（5.2）式属于面板数据 Probit 模型，由于面板数据的二项选择模型是非线性模型，不能用线性模型中的一阶差分的方法将个体效应消去。例如，假定个体效应 ω_i 与解释变量相关（固定效应模型）而且不限制其相关形式，Chamberlain（1984）证明了只有在 η_{it} 为 logistic 分布时，才能得到模型系数的一致性估计。由于 ω_i 未作任何假定，这种模型不能用来进行预测，这就限制了它在本书中的应用（详见第六章）。于是本章转而使用随机效应模型进行估计，但缺点是不允许个体效应 ω_i 与解释变量相关，这在实际中往往无法满足此条件。所幸的是，Chamberlain（1984）对传统的随机效应 Probit 模型进行了改进，在某种程度上允许个体效应与解释变量的相关性。面板数据二项选择模型基本结构如下：

$$Y_{it} = 1\{X_{it}\beta + \omega_i + \eta_{it} > 0\}$$

面板数据二项选择模型与传统的随机效应模型的区别主要在于放宽了个体效应 ω_i 限制。因为传统随机效应要求个体效应与解释变量不相关，而现实情况通常会违背这一假设，即解释变量通常会与表示个体特征的 ω_i 存在一定的相关关系，因此 Chamberlain（1984）提出以下基本假定来解决这一问题。

基本假设 1：$\omega_i = \bar{X}_i\theta + e_i$（允许了个体效应与回归变量的相关性）且 $\text{cov}(X_{it}, e_i) = 0$；

基本假设 2：e_i 独立同分布，且 $e_i|x_i \to N(0, \sigma_e^2)$（该正态性保留了 Probit 模型的特征）。

有了这两个基本假定，我们可以用以下条件密度函数：

$$f((y_i|x_i, e_i) = \prod_{t=1}^{T} \Phi^{y_{it}}(x_{it}\beta + \bar{x}_i\theta + e_i)(1 - \Phi(x_{it}\beta + \bar{x}_i\theta + e_i))^{1-y_{it}}$$

并根据 $e_i|x_i \to N(0, \sigma_e^2)$，以及 $f(y_i|x_i) = \int f(y_i|x_i, e_i)f(e_i|x_i)de_i$，得到

如下的似然函数：

$$\prod_{i=1}^{n} \int [\prod_{t=1}^{T} \Phi^{y_{it}}(x_{it}\beta + \overline{x}_i\theta + e_i)(1 - \Phi(x_{it}\beta + \overline{x}_i\theta + e_i))^{1-y_{it}}] \frac{1}{\sigma_e} \phi(e_i/\sigma_e) de_i$$

然后运用极大似然估计（MLE）对模型参数进行估计。

二、数据介绍

本章所用的数据同样来源于"全部国有及规模以上非国有工业企业数据库"（原始数据来源于国家统计局）。由于该数据库仅在2005—2007年将研发投入纳入统计，本章选取了2005—2007年的统计数据。

为了避免受到企业进入与退出的影响，筛选出了其中每年连续出现的企业，得到了31726个样本，这样就形成了时间跨度为3年的面板数据，以便我们在模型估计中能够适当控制个体效应；此外，本章在使用企业的各项指标进行变量构造时，均选用工业品出厂价格指数①进行了调整。

由于统计工作中可能存在的误差，数据本身难免会存在一些问题（如异常值等），因此，在使用该数据库前，需要对得到的样本进行一系列筛选：

第一，删掉研发支出小于零的企业，因为本章所关注的问题是企业的研发活动，而企业的研发投入正常应该或者为零或者为正，不应该出现研发投入为负的情况；

第二，由于需要控制地区以及行业，在样本中也删掉了样本比较少的行业以及地区；

第三，企业员工数为零，企业职工培训支出为负，销售收入为零或者前几年销售收入出现过为零，增加值为零，资本总值为零等样本都被删除。

通过以上的筛选工作，最后得到了29807个样本。

三、模型估计

下文将分别对模型（5.2）与模型（5.3）进行估计。在估计方法的

---

① 工业品出厂价格指数来自2008年中国统计年鉴。

选择上，（5.2）式选用上文介绍的 Chamberlain 随机效应模型估计方法，同时文中还汇报了使用线性概率模型的固定效应估计结果，具体见表5.1①。此外，为了体现 Chamberlain 随机效应 Probit 模型估计方法的优越性，表5.2展示了该方法与简单混合 Probit 回归两种方法所得的拟合值与实际研发投入的相关性分析结果②。

表5.1　　　　　　　企业研发行为决策模型估计结果

解释变量	被解释变量：$D_{R\&D}$	
	线性概率模型 （固定效应）	Chamberlain 随机效应 Probit
Lag. tax	−0.062 (0.131)	−0.539 (1.437)
train	0.006 *** (0.000)	0.068 *** (0.005)
edu		3.078 *** (0.273)
admin		6.143 *** (0.686)
hiqual		1.010 * (0.524)
export dummy	0.018 *** (0.006)	0.706 *** (0.052)
liquidity	0.013 (0.008)	0.136 (0.107)
labor	0.036 *** (0.006)	0.501 *** (0.087)
capital per woker	0.017 *** (0.005)	0.290 *** (0.070)
age	0.007 *** (0.002)	0.010 *** (0.001)
state − owned dummy		0.049 (0.074)

① 限于篇幅，表5.1中省去了作为控制变量的29个地区（除青海、甘肃）以及35个行业虚拟变量的回归系数；由于变量 *edu*、*admin*、*hiqual*、*state − owned dummy* 不随时间变化，使用线性面板数据固定效应模型估计方法无法得到这些变量的系数估计。

② 为节省篇幅，文中未汇报简单混合 Probit 回归结果。

表 5.2　　　　两种 **Probit** 估计拟合值与实际研发投入相关性分析

相关系数	实际研发	简单混合 Probit 拟合值	Chamberlain 随机效应 Probit 拟合值
实际研发	1.000		
简单混合 Probit 拟合值	0.430	1.000	
Chamberlain 随机效应 Probit 拟合值	0.450	0.936	1.000

还需进一步对（5.3）式进行估计，以分析对于存在研发活动的企业，企业税负变化会如何影响其研发投入水平。该模型属于线性模型，文中将直接使用固定效应面板数据模型估计方法。此外，为了对不同规模的企业进行异质性分析，比较税负变化对企业研发投入水平的影响作用在不同规模企业之间是否存在差异，可以在（5.3）式中加入税负变量与企业规模（用企业员工数的自然对数反映）变量的交叉项（$Lag. tax \times scale$）。表 5.3 展示了模型（5.3）的基础回归结果和异质性分析回归结果。此外，表 5.3 还展示了使用企业是否享受税率优惠的虚拟变量（$Lag. D_{tax}$）作为核心解释变量的基础回归结果和异质性分析回归结果，其中的交叉项（$Lag. D_{tax} \times D\_large$）使用了企业是否为大规模企业的虚拟变量。

表 5.3　　　　　　　企业研发投入水平决定模型估计结果

解释变量	被解释变量：lnR&D			
	固定效应			
$Lag. tax$	−0.632 (0.766)	−7.877 ** (3.89)		
$Lag. tax \times scale$		1.347 * (0.710)		
$Lag. D_{tax}$			0.035 * (0.021)	0.044 ** (0.021)
$Lag. D_{tax} \times D\_large$				−0.267 *** (0.104)
$train$	0.036 *** (0.002)	0.036 *** (0.002)	0.036 *** (0.002)	0.036 *** (0.002)

续表

解释变量	被解释变量: ln$R\&D$			
	固定效应			
export dummy	0.107 ***	0.108 ***	0.103 **	0.106 ***
	(0.040)	(0.040)	(0.040)	(0.040)
liquidity	0.076	0.075	0.080	0.080
	(0.049)	(0.049)	(0.049)	(0.049)
labor	0.122 ***	0.113 **	0.230 ***	0.232 ***
	(0.045)	(0.046)	(0.040)	(0.040)
capital per woker	0.050	0.049	0.116 ***	0.117 ***
	(0.034)	(0.034)	(0.031)	(0.031)
age	0.045 ***	0.045 ***	0.045 ***	0.045 ***
	(0.010)	(0.010)	(0.010)	(0.010)

注: 1. 表中数字为估计参数值，括号内为相应的标准差；

2. *** 表示在1%的显著性水平下显著，** 表示在5%的显著性水平下显著，* 表示在10%的显著性水平下显著。

第四节　实证结果分析

根据表5.1的企业研发投入决策模型估计结果，线性概率模型与Chamberlain 随机效应 Probit 模型对（5.2）式中主要解释变量的系数估计结果符号基本一致，大小略有差异，但是不可直接比较线性概率模型与Probit 模型的系数。下文首先对表5.1 中的结果进行详细解释。

（1）企业的税负确实降低了企业的研发动机，但是该作用从统计上来看显著性较低。具体地，企业的实际税负（Lag. tax）越高，企业参与研发活动的概率会降低，但该结果并不显著。这说明对于研发活动参与度较低的企业，通过降低企业税负并不能够有效地提高其研发参与概率。

（2）其余研发活动影响因素的系数估计与理论预期吻合。

首先，员工培训、本科以上学历员工比例、管理人员比例、高级技术人员比例等企业研发投入产出效率代理变量确实在统计上显著，说明了技术能力（technology competence）确实促进了研发。其次，出口也促进了中国工业企业的研发活动，证实了需求拉动效应。再次，企业的规模也在很大程度上对研发活动具有促进作用，说明了现实中由于资本市场不完全，中小企业研发活动可能会面临融资约束，而且企业规模在统计上的显著性也说明了企业的规模大小可能会影响到消费者的偏好与创新效率。最后，企业年龄参数估计值也说明了企业经营年限越长，越会促进企业进行研发活动。这个结论在某种程度上说明了新兴企业在进行研发活动时可能会受到限制，这或许是因为新兴企业面临一定的融资约束。实证结论说明，为了促进企业自主创新，政府在制定政策时应该考虑为新兴企业提供必要的财政支持和帮助。

（3）根据 Chamberlain 的方法中用来控制个体效应的 $\bar{X}$ 的系数估计值①，发现平均员工培训支出（$\overline{train}$）以及企业的平均资本存量（$\bar{c}$）系数显著，说明了使用 Chamberlain 提出的方法确实在一定程度上解决了个体效应可能存在与解释变量相关的问题。表 5.2 展示了两种 Probit 估计方法的拟合值与企业实际研发投入的相关性分析结果，通过比较发现使用 Chamberlain 提出的随机效应 Probit 估计模型提高了拟合值与实际研发活动的相关性，进而提高了估计生产函数的准确度。

根据表 5.3 列出的企业研发投入水平决定模型的估计结果，不难发现，对于其他影响因素，其系数估计的方向和显著性程度基本与表 5.1 中二元选择模型的结果吻合，这也进一步验证了本章理论框架的合理性。下文重点分析企业税负变化对其研发投入水平的影响作用。根据表 5.1 和表 5.3 中的系数估计结果，无论是采用企业实际税负水平的连续型变量，还是企业是否享有税率优惠的虚拟变量，基础回归结果都显示，企业税负降低，或企业享有税率优惠可以对其研发活动形成一定的激励，促进企业研发投入水平的提高，然而该作用的显著性水平较低。但是如果将企业规模异质性考虑进来，不难发现，对于中小型企业而言，税负降低对其研发投入的激励作用是显著的，只是随着企业规模的增大，企业研

---

① 为节省篇幅，表 5.1 中未列出这些平均项的系数估计结果。

发投入水平决策对税负变化的敏感度会降低。这也说明了税收优惠政策的研发激励作用对大多数中小企业会更有效一些。

第五节　本章小节

本章主要围绕企业的创新决策进行分析。针对已有文献的不足，本章提出了较为合理的研究框架，用理论模型和实证分析相结合的方法对企业创新的决策影响因素进行了研究，并在建立企业研发投入决策模型的基础上，加入了企业税负与税率优惠的因素，从而对企业税负对其研发投入决策的影响，以及税率优惠政策在促进企业研发活动积极性方面的作用进行评价。研究表明：中国企业的创新行为会受到税负的影响，其中，企业税负变化或享有税率优惠可以对其研发投入规模形成显著的激励作用，只是对企业研发活动参与率的影响并不显著。但是对于中小企业而言，其研发活动积极性以及投入规模对税负变化或税率优惠都比较敏感。这说明虽然通过降低企业税负或提供优惠税率在刺激创新方面的作用有限，但是考虑到中国企业的生存环境，以及中小企业在中国经济的创新发展中所起到的重要作用，通过进一步完善税收激励政策，有效形成对中小企业创新行为的税收激励制度，对于促进我国经济的创新发展具有重要意义。当然，对于中小企业的税收政策制定，还必须结合当前中小企业的生存环境以及行业特征进行针对性考虑。此外，通过研发行为决策模型中的各项参数估计值，本章还研究了影响企业的自主创新行为的其他关键因素（如上述技术推动因素、需求拉动因素、企业规模、资产流动性、企业是否国有等）。

第六章　税收优惠与企业创新绩效

第一节　引　言

　　企业自主创新一般指企业为制造新产品、提供新技术和提高现有产品质量与生产效率的新工艺所进行的研发活动。因此，企业创新的投入主要体现为企业的研发投入，而创新活动的直接产出则体现在两个方面——产品和生产技术的革新。因此，作为企业创新活动的主要直接产出，专利数与新产品一直被众多学者用来评价企业的创新能力。然而，根据企业自主创新的内涵，新产品销售值或者新产品数目并不能够完全代表企业创新成果。专利产出或者新产品开发生产情况仅是可观测到的部分创新成果，创新活动可能还会体现在某些生产小工艺或者技术的改进上，这些都无法反映在专利、新产品数或新产品销售值中，使用专利或新产品等指标研究创新绩效可能不太全面。此外，通过专利或新产品等指标，得到的仅是企业研发活动的效率，而企业的研发成果（技术专利或者产品技术专利等）是否能够顺利投入生产经营中，或者是否会提高企业的生产效率却无从得知。根据企业自主创新的内涵，对于企业来说，无论哪方面的创新，最终目的都是提升企业的整体运营效率，即提高生产率。因为无论是改进产品技术，还是生产工艺技术，研发投入都会形成技术水平的累积，本章关注的是这种技术的累积如何对企业的生产产生影响。事实上，国外也有不少文献，从创新对企业产出的影响的角度展开了讨论。但是相对来说，国内关于这方面的文献体系并不十分成熟，也有部分文献从相似角度进行研究，如陆国庆（2011）对中国中小板上市公司产业创新的绩效研究，选用了公司主营业务利润作为企业经营业绩和创新绩效的综合反映指标，得到了研发活动对企业业绩的影响。但是该文的模型设定、数据处理、估计方法等可能存在一些值得商榷的地方。本章从产出的视角关注了企业的创新绩效，并考虑了税收优惠激励政策在其中的影响机制与效果。其中的创新之处主要包括以下两点。

（1）理论模型部分沿用 Hall 和 Mairesse（1995）的研究思路（其主要特点是在模型的建立方面脉络比较清晰），通过构建广义的 Cobb - Douglas 生产函数，将研发累积投入作为企业技术水平的累积存量，与劳动力、资本一起作为企业生产的三大要素，进而分析研发活动对企业生产绩效的影响，这种分析角度在很大程度上克服了现有文献的不足。

（2）实证分析部分是另一个创新之处。可以注意到 Hall 和 Mairesse 的文章实证部分依然存在着可商榷的地方，而这也正是众多已有文献忽略的一个问题，即上文提到的自选性带来的模型内生性问题。创新活动（研发投入）是企业自主选择的一项活动，企业在决定是否进行研发时自然会考虑到企业自身的某些特征，这其中包含了企业的生产水平（或者企业对未来产出的预期），这就提醒我们模型中可能存在研发投入与企业产出的联立性，即二者互为因果关系，从而导致内生性问题，这将造成估计结果有偏，不能反映实际情况。因此，本章将对此进行修正，解决办法则是根据上一章的企业研发决策影响因素进行分析，使用相应的计量方法①解决内生性问题，从而得到较为可靠的企业创新绩效。

本章的其余部分安排如下：本章第二节是理论模型，在广义 Cobb - Douglas 生产函数的框架下重点介绍了研发活动在生产函数中所起到的作用，并就该函数的估计提出可能存在的内生性问题。随后结合上一章的企业研发决策理论和实证模型估计结果，为生产函数模型的估计提供工具变量。第三节是实证分析，对生产函数模型进行估计，使用累积研发表示企业的技术资本存量，而相应的工具变量则选用企业研发行为决策模型的估计拟合值；文中进一步在模型中加入了税收优惠政策虚拟变量

---

① 解决内生性问题通常选择工具变量估计法［常用有两阶段最小二乘法（2SLS）］，其中主要难点则是选取合适的工具变量；本文通过分析企业研发行为的决策过程从而找出合适的工具变量。

（或企业实际税负的连续变量）与累积研发的交叉项，由此可以进一步评价税收优惠政策是否有利于提高企业创新绩效。第四节为实证结果分析，根据实证结果就企业创新的产出绩效以及税收优惠激励在其中的作用进行分析总结。第五节为本章小结。

第二节　研发产出绩效理论模型

在国外的文献中，为了研究研发投入对企业产出的影响，将研发累积投入作为一项知识资本，与物质资本、劳动力等其他要素同时作为企业生产的投入要素，从而构建生产函数展开研究。例如 Griliches（1979，1984）、Griliches 和 Mairesse（1984）、Griliches（1986）都基于生产函数使用了美国数据研究企业研发的投入产出弹性；Cuneo 和 Mairesse（1984）、Hall 和 Mairesse（1995）运用生产函数研究框架，对法国制造业进行了研发产出弹性的估计，估计结果与 Griliches 和 Mairesse（1984）结论类似。近期的文献，如 Bloom 和 Van Reenen（2002）以及 Griffith 等（2006）使用了英国企业的数据估计了研发的产出弹性。本章为了研究研发的产出绩效，与上述众多文献相似，选择 Cobb – Douglas 生产函数形式，将工业增加值（added value）作为企业产出指标，研发累积投入作为知识资本投入，与劳动力、资本共同形成企业生产的投入要素。用 Y 表示工业增加值，投入要素有：物质资本 K、劳动力 L 以及研发累积投入或者可以称之为知识资本 R，以面板数据形式将生产函数写成

$$Y_{it} = A_i K_{it}^{\alpha} L_{it}^{\beta} R_{it}^{\gamma} e^{\varepsilon_{it}} \tag{6.1}$$

其中，i 表示企业，t 表示年份，ε 表示误差项，A 包含了可能导致的企业生产水平的不同的异质性，主要由行业特征和企业所在地区的差异等因素构成；α、β、γ 分别为物质资本 L、劳动力 K、研发累积投入（创新投入）三个投入要素的产出弹性；研发累积投入指将过去的研发投入进行折旧，加总得到的累积量，这主要是为了突出强调研发行为的累积效用，即当年的研发活动不只对当年的产出有影响，还会通过技术水平的累积，形成一项知识资本，对未来期间的生产水平产生影响。取自然对数后，

(6.1) 式可转化成如下线性模型：

$$\ln Y_{it} = a_i + \alpha \ln K_{it} + \beta \ln L_{it} + \gamma \ln R_{it} + \varepsilon_{it} \qquad (6.2)$$

其中，$a_i = \ln A_i$。在规模报酬不变的假设下，(6.2) 式中参数满足关系：$\mu = \alpha + \beta + \gamma$，即三种投入要素的产出弹性之和等于1，因此，我们可以将 (6.2) 式改写成以下形式：

$$\ln \frac{Y_{it}}{L_{it}} = a_i + \alpha \ln \frac{K_{it}}{L_{it}} + \gamma \ln \frac{R_{it}}{L_{it}} + (\mu - 1)\ln L_{it} + \varepsilon_{it} \qquad (6.3)$$

这样，我们可以依据 (6.3) 式中系数 $\mu - 1$ 的正负来判断企业生产是否存在规模效应，具体如下：

$$\begin{cases} \mu - 1 > 0, \text{规模报酬递增} \\ \mu - 1 = 0, \text{规模报酬不变} \\ \mu - 1 < 0, \text{规模报酬递减} \end{cases}$$

因此，(6.3) 式将作为下文实证部分中的待估计模型。我们的研究目的是通过估计发现企业的研发投入对企业生产绩效的影响。众所周知，在线性模型估计中，为了保证参数估计值的一致性，必须控制好投入三个要素的外生性，即企业生产的各项要素的投入都是外生的。一般来说，对于雇用劳动力来说，已经发展到一定规模的企业其资本存量的规模大小是比较稳定的；企业生产中的物质资本投入主要体现在机器设备等成熟技术固定资产投资，在竞争市场上，这些成熟技术存在溢出效应，从而导致企业的投资规模通常只受到市场等外部因素的影响；而中国工业企业中劳动力的投入同样由于劳动力市场的几乎完全竞争性，其规模相对稳定，在此我们可以将 K、L 视为外生变量。对于物质资本投入和劳动力投入来说，中国企业的自主创新规模小且发展不稳定，而且大部分企业并不存在创新活动。企业在作出研发投入决策时可能会受到各方面因素的影响，这其中包括了市场环境等外部因素，但是我们知道企业的自主创新主要在企业内部对新产品开发生产，或通过生产工艺改进来提高产出率或降低次品率，而这些都是企业根据自身生产需求选择进行的小规模的创新活动。企业在决定是否进行研发时自然会考虑到企业自身的某些特征，包括企业的生产水平（或者企业对未来产出的预期），这就提醒我们模型中可能存在研发投入与企业产出的联立性，导致企业的增加值与研发投入之间互为因果关系，从而违背了外生性假设。这种内生性在已有文献中很少被注意到或者被处理，但在一些类似的研究中有相关的讨论，如 Bravo – Ortega 和 Marín（2010）讨论了生产率与研发之间可能存在的双向因果关系。本书使用微观层面的数据，并且认为企业研发的自主选择性导致研发在生产函数中的内生性会造成常用的最小二乘估计的不一致性，用这样的估计值去解释研发投入的作用往往会导致错误的结果。因此，需要引进工具变量来解决内生性问题。于是本章实证研究的关键是找出合适的工具变量，这也是本章研究有别于现有文献的创新之处，下面将针对这一问题展开论述。

工具变量首先要求与企业的研发投入高度相关，这启发我们需要找出与企业的研发行为有关的因素。因此，本章将在第五章的研究基础上，根据研发行为决策的内在机制研究结果，试图寻找合适的工具变量。

第三节　模型的构建与实证分析

一、广义生产函数的构建

根据本章第二节的生产函数研究框架，可以在（6.3）式的基础上构建基准回归模型。根据（6.3）式，a_i 表示企业的异质性，或者一些其他的行业特征和企业所在地区的差异等因素，我们在此假设 $E(a_i | K_i, L_i, R_i)$ = $c + othercontrols_i$，其中，c 为常数项，$othercontrols$ 是为了控制企业异质性加入的一些控制变量：第一，控制企业所在的行业、地区以及企业年龄；第二，考虑到国有企业与非国有企业的创新行为以及创新绩效的差异性，我们也加入了企业是否国有的虚拟变量（$dummy\ of\ state\ owned$）。于是得到如下基于广义生产函数的基准回归模型：

$$\ln \frac{Y_i}{L_i} = c + \alpha\ln \frac{K_i}{L_i} + \gamma\ln \frac{R_i}{L_i} + \phi\ln L_i + othercontrols_i + \varepsilon_i \quad (6.4)$$

（6.4）式作为本章的主要回归方程式，被解释变量为人均增加值的对数；解释变量则包括了对数形式的年初人均资本存量、人均创新投入（即累积研发投入）、员工人数。其中，累积创新投入（R）使用最近三年的研发投入进行折旧加总，使用的折旧率①为 10%。需要说明的是，本章所用数据跨度为三年（2005—2007 年，下文有详细的数据介绍），因此在建立累积创新投入这一变量时将这三年的研发投入进行折旧加总，而且（6.4）式是对 2007 年建立的，因此不再是真正意义上的面板数据模型。好在已有研究如 Hall 和 Mairesse（1995）通过建立不同时间跨度的研发累积投入量估计研发投入的产出弹性，发现计算研发累积投入的时间越长，研发产出弹性的估计值越高，但是估计值相差并不大。Hausman（1984）提出研发活动对企业创新的作用主要体现在当期、未来第一期和第二期。此外，Lang（2009）对德国工业企业的实证研究表明研发投入对企业知识资本的累积效用主要反映在投入发生后的第二年，而且总效用的大部分都集中在投入发生的前三年中。这些为本书模型建立的合理性提供了一定的证据。

本章的研究目的是通过对（6.4）式的估计得到研发投入的技术累积对企业生产的产出弹性。如上文所述，可能存在企业的研发投入与企业的增加值之间互为因果关系，如此一来，回归方程（6.4）中的扰动项 ε 与研发投入 R 之间存在相关性，将违背外生性假设，如果不进行相应的修正，那么研发投入产出弹性的估计值将会由于研发投入与扰动项的相关性而发生估计偏差（具体请见回归结果比较）。为了避免这一问题，本章将采用工具变量法对（6.4）式进行估计。

为了评价税收优惠是否有利于提高企业的创新绩效，在（6.4）式基础上，可以进一步加入企业实际税负（或企业是否享有税收优惠的虚拟变量——享有税率优惠的企业。该变量取 1，否则取 0）与累积研发投入 R 的交叉项作为解释变量，该交叉项的系数反映了企业税负对企业创新活动产出绩效的调节作用。

$$\ln \frac{Y_i}{L_i} = c + \alpha \ln \frac{K_i}{L_i} + \gamma_1 \ln \frac{R_i}{L_i} + \gamma_2 \ln \frac{R_i}{L_i} \times Tax_i + \phi \ln L_i + other controls_i + \varepsilon_i$$

$$(6.5)$$

其中，变量 Tax 可以是企业的实际税率，也可以是企业是否享有税率优

---

① 也可以选用其他折旧率水平，我们在实证中发现折旧率的选择对结果影响不大。

惠的虚拟变量，但考虑到可能存在的内生性，文中选用了滞后一期的企业税率与税收优惠信息。在实证分析部分，本章将首先选取合适的工具变量，然后分别对模型（6.4）与模型（6.5）进行估计，来评价企业创新投入的产出绩效，以及税收优惠在其中的调节作用。

二、实证分析

（一）工具变量选取

前一章对企业研发行为的内在影响机制进行了系统的分析，找到了企业研发行为决策过程的重要影响因素，本章将运用这些理论结果找出合理的工具变量。由于影响因素众多，直接使用可能会造成弱工具变量性，本章提出以下的处理方法：利用上一章企业研发决策 Probit 模型的估计拟合值作为工具变量。使用这样的方法主要是受到 Wooldridge（2010）对处理效应使用的工具变量估计法的启发。该过程为了克服行为自选性问题，使用二项选择模型的估计拟合值作为（0，1）型解释变量的工具变量。其实，已有的实证研究文献也有使用 Probit 拟合值作为工具变量的，如 Aiello（2008）在对研发溢出效应的研究中，为了控制样本选择偏差，选用了研发行为选择的 Probit 模型拟合值作为研发投入工具变量。而本书选用这样的工具变量的合理性在于：首先，影响研发的因素众多，如果能够综合成一个指标，无疑会对实证研究带来方便；而且既然企业的研发行为属于自身选择的结果，那么我们在此通过计量模型分析企业研发行为选择，更加具有说服力。其次，通过 Probit 模型对企业的行为选择过程进行模拟，如此得到的估计拟合值与企业真实的研发投入水平高度相关。这就满足了工具变量首先必须与内生变量相关的基本要求。最后，工具变量要求与扰动项不相关，这是显而易见的。因为 Probit 模型的解释变量为外生变量，拟合值为外生变量的函数，因此与扰动项不相关。解决了解释变量选取以及估计方法选择两大问题之后，将使用上一章实证部分得到的 Probit 拟合值作为工具变量对生产函数进行估计。

（二）数据介绍

与前两章一样，本章所用的数据同样来源于"全部国有及规模以上非国有工业企业数据库"（原始数据来源于国家统计局）。其中，本章同样选取了2005—2007年的统计数据。

此外，回归模型中需要对研发支出进行对数运算，但在实际估计中，不少企业未进行任何研发活动（即R&D = 0），因此无法直接进行取对数运算。大部分已有研究如Crépon等（1998）使用的数据库并未包含没有进行研发活动的企业，他们都仅使用了存在研发活动的企业数据，而这样处理导致的样本选择偏差问题一般则通过Tobit模型得到解决。但事实上，研发支出为零也是企业的研发行为，并非数据的截断，样本中剔除这些企业对实证研究的结果会有很大的影响。众所周知，Tobit模型是用来处理因变量有截断的回归模型，有其局限性。本书所用数据库包含了各年中无论是否进行研发投入的所有工业企业，而且相当部分企业并未有研发活动，如果同样采用Tobit模型进行估计，将R&D = 0的样本企业删除，将会造成信息的大量浪费。因此，针对这些企业，为了避免运算错误，本书将所有R&D = 0的企业的研发投入从0改为0.01（即改为非常小的值，其好处是这样小的研发投入根本不会对产出有任何影响，而且避免0不能进行对数运算的缺陷）。同样地，由于模型估计中需要用到对员工培训费用支出密度进行对数运算，在数据处理中也对该指标作了相同的处理。

（三）模型估计

针对以上设定的模型，以及获得的数据，为了便于比较，本章将使用不同的估计方法对模型（6.4）和模型（6.5）进行估计，并分别列示得到的结果：

生产函数估计——如上文所述，企业当期的研发投入不只作用于本期的生产，而且会通过技术积累对未来期间的企业生产活动产生影响。例如，根据（6.4）式与（6.5）式中变量的选取，对企业2007年的生产活动产生影响的因素应该主要包括2005—2007年三年的研发累积投入量。

同样，企业 2006 年的生产活动也应该受到 2004—2006 年三年的研发活动的影响，因此回归方程的解释变量研发累积投入需要将本期以及滞后两期的研发投入进行折旧加总。但是已有的数据仅包含 2005—2007 年三年的研发投入，受此数据限制，本章仅对 2007 年的生产函数进行回归。企业创新绩效究竟如何，在实证中主要体现在由研发投入累积形成的知识资本存量的系数估计值。同样，本章也给出了将上一章提到的两种估计方法得到的 Probit 拟合值作为研发投入工具变量的回归结果；表 6.1 分别展示了使用两种工具变量对模型（6.4）的估计结果；表 6.2 展示了使用工具变量法对模型（6.5）的估计结果，表中三列结果的主要差异在于使用了不同的交叉项，其中，第（1）列使用企业的实际税负与累积研发投入的交叉项，第（2）列使用企业滞后一期是否享有税收优惠的虚拟变量与累积研发投入的交叉项，第（3）列使用企业当期是否享有税收优惠的虚拟变量与累积研发投入的交叉项。

为了进一步体现本章研究的创新之处，即针对联立性提出工具变量回归方法，表 6.1 也给出了对生产函数进行简单线性回归（OLS）的结果，以作比较。

表 6.1　　　　　　　　　　　生产函数估计结果

| 解释变量 | 生产函数（2SLS） | | 生产函数（OLS） |
| | 工具变量（Probit 估计拟合值） | | |
	简单混合 Probit	Chamberlain 随机效应 Probit	
labor	− 0.039 ***	− 0.047 ***	− 0.033 ***
	（0.005）	（0.005）	（0.005）
capital per worker	0.514 ***	0.495 ***	0.541 ***
	（0.007）	（0.007）	（0.006）
R&D stock per worker	0.039 ***	0.055 ***	0.021 ***
	（0.004）	（0.004）	（0.001）
age	− 0.007 ***	− 0.007 ***	− 0.007 ***
	（0.000）	（0.000）	（0.000）
state - owned dummy	− 0.331 ***	− 0.334 ***	− 0.324 ***
	（0.019）	（0.020）	（0.020）

表 6.2　　　　　　　加入交叉项的生产函数 2SLS 估计结果

解释变量	（1）	（2）	（3）
labor	− 0.018	− 0.038 ***	− 0.042 ***
	（0.022）	（0.006）	（0.006）
capital per worker	0.562 ***	0.526 ***	0.527 ***
	（0.035）	（0.009）	（0.009）
R&D stock per worker	0.059 ***	− 0.059 ***	− 0.057 ***
	（0.015）	（0.009）	（0.009）
R&D × Tax	− 0.181 ***	0.187 ***	0.183 ***
	（0.051）	（0.013）	（0.013）
age	− 0.011 ***	− 0.007 ***	− 0.007 ***
	（0.002）	（0.001）	（0.001）
state − owned dummy	0.011	− 0.189 ***	− 0.197 ***
	（0.128）	（0.026）	（0.026）

注：1. 限于篇幅，表6.1和表6.2中省去了作为控制变量的29个地区（除青海、甘肃）以及35个行业虚拟变量的回归系数①；

2. 表中数字为估计参数值，括号内为相应的标准差；

3. *** 表示在1%的显著性水平下显著，** 表示在5%的显著性水平下显著，* 表示在10%的显著性水平下显著。

第四节　　实证结果分析

如表 6.1 所示，根据生产函数估计结果可以发现：无论是 OLS，还是文中使用的两种工具变量法，对资本投入产出弹性以及规模效应的估计结果都非常接近，其中，物质资本的投入产出弹性都在 0.5 左右，劳动力的系数都在 − 0.04 左右，显示了企业生产存在小程度的规模报酬递减。

---

①　表6.1和表6.2分别对两个方程［（6.4）式和（6.5）式］的回归结果中，多数行业变量的回归系数在10%的水平下显著，而地区虚拟变量较为不显著，说明了工业企业的研发行为以及产出水平的行业差异相对地区差异更加突出一些。

不难发现，三种结果的主要区别就在于创新投入（R&D stock）的产出弹性估计值的大小，而这一结果也正是本研究的主要目的——企业的创新绩效。仔细分析，可以得到以下结论。

比较三种估计结果的研发活动产生技术累积的投入产出弹性值，使用简单 OLS 回归方法低估了研发活动的产出弹性（仅 2.1%）。使用简单 Pooling Probit 模型拟合值作为工具变量得到的弹性估计值有所提高，达到 3.9%，说明使用工具变量确实改善了研发活动的内生性而导致的产出弹性低估问题。考虑到 Pooling Probit 局限性，本章使用 Chamberlain 随机效应 Probit 模型拟合值作为工具变量，对生产函数进行回归得到的研发活动产出弹性为 5.5%，而且标准差与前者基本相同（见表 6.1），说明使用 Chamberlain 随机效应更好地解决了内生性问题，进一步提高了模型估计的准确度。

虽然 OLS 估计法的估计结果（2.1%）与使用工具变量法的估计结果（5.5%）都证实了企业的研发活动确实对企业的生产效率有正的影响，但是如果仅仅按照传统的方法，忽略了研发活动的自身选择问题，以及研发投入与企业产出的联立性，将会导致估计值出现偏差，通常这样的简单处理会低估企业的创新绩效。这在我们的估计结果中体现得非常明显。

根据表 6.2 的结果，如果使用企业实际税负的连续变量来构建交叉项，该交叉项的系数显著为负［表 6.2 第（1）列］，说明企业税负的提高会降低企业的创新产出绩效。根据表 6.2 第（1）列计算出的创新投入平均产出弹性与表 6.1 的工具变量估计结果基本吻合，其余解释变量的估计结果也与表 6.1 基本一致。此外，如果使用企业上一年是否享有税收优惠的虚拟变量与企业累积研发投入构建交叉项［表 6.2 第（2）列］，该交叉项的系数显著为正，约为 0.18，而此时累积研发投入（创新资本）变量的系数为负（−0.59）。从这一结果来看，如果没有享受税率优惠，企业的创新产出绩效为负，而享受税率优惠的企业创新产出绩效要显著高于未享受优惠的企业（高出约 18%），大约为 13%。使用企业当年是否享有税率优惠虚拟变量构建交叉项得到的模型估计结果与表 6.2 第（2）列基本一致。

综上所述，本章在较为合理的分析框架下，对企业创新绩效进行了实证分析，并且对企业税负和税收优惠激励在其中的影响作用进行了评价。根据实证结果，得出以下结论。

（1）企业税负的降低（通过税率优惠政策或者其他减税政策）可以显著提高企业的创新绩效。但对于税负较高的企业，开展创新活动反而可能对企业产出形成负向效应。这其中的原因可能是：研发投入的开展有时会挤压企业资源在生产部门的配置，而且一些较大规模的研发活动往往需要较长的周期，因此研发活动在短期内可能对企业生产产生一些负面影响。但如果能够给予这类企业提供一些税收优惠激励，将在很大程度上改善企业面临的这种短期困境，从而提高企业的研发活动产出绩效。

（2）平均来看，我国企业的累积研发投入产出弹性达到5.5%。与国外众多文献的估计结果相比，如Griliches（1979，1984）对美国制造业研发产出弹性值的估计大约在0.07的水平，其中研发密集型的企业其水平达到0.1，其余普通制造业企业为0.04；Griliches和Mairesse（1984）使用美国1966—1977年的企业数据估计出研发投入产出弹性介于0.05到0.3之间（由于模型设定不同）；Griliches（1986）也做了同样的工作，并得出了类似的结论；Cuneo和Mairesse（1984）、Hall和Mairesse（1995）运用此生产函数研究框架，对法国制造业进行了研发产出弹性的估计，估计结果比Griliches和Mairesse（1984）对美国企业的估计值稍高，介于0.09和0.33之间；之后如Bloom和Van Reenen（2002）以及Griffith等（2006）都使用了英国企业的数据估计了研发的产出弹性，结果介于0.012和0.029之间（大约为0.03）；本章对中国工业企业创新投入的产出弹性估计值说明了中国工业企业的创新绩效较美国、法国水平偏低，但是Griliches等人的已有研究都由于模型设定方式不同，得出了不同的结论，与其估计值平均水平相比，中国工业企业的创新绩效水平相对来说与发达国家相差不大；尤其将本章的估计值与已有文献对英国企业研发的产出弹性的估计值对比，仍旧说明了我国工业企业的创新绩效相对来说水平不低，这说明中国工业企业的创新绩效情况还比较乐观。

第五节　本章小节

本章主要围绕我国企业自主创新绩效进行分析。针对已有文献的不足，本章提出了较为合理的研究框架，用理论模型和实证分析相结合的方法对企业创新的产出绩效展开研究，并评价了税收优惠激励对企业创新绩效的影响。文中在理论模型部分建立了广义 Cobb – Douglas 生产函数，其中将研发累积投入作为企业技术水平的累积存量，与劳动力、资本一起作为企业生产的三大要素，进而分析研发活动对企业生产绩效的影响，这种分析角度在很大程度上克服了现有文献的不足。此外，在实证研究中，文中还考虑到：由于创新活动（研发投入）是企业自主选择的一项活动，模型中可能存在研发投入与企业产出的联立性，即二者互为因果关系，从而导致内生性问题，文中通过构建合理的工具变量对该内生性问题进行了修正，得到了较为可靠的企业创新绩效估计。研究表明：企业通过产品与技术革新等创新活动，提高了企业的产出水平，我国企业创新投入的平均产出弹性达到 5.5%。进一步将文中的估计结果与国外一些文献对其企业创新绩效的估计结果进行对比，发现我国工业企业的创新绩效相对来说水平不低，而税收优惠激励也有利于提高企业的创新绩效，表明中国工业企业的创新绩效情况还比较乐观，建议我国工业企业应该继续加大研发的力度，加快创新的步伐，同时，也应进一步完善税收优惠激励制度，进一步提高企业的创新绩效，提高企业创新力与竞争力。

第七章　结论与政策性启示

第一节　实证研究结论

在当前经济转型的大背景下，企业的固定资产设备投资，以及创新活动的开展对于企业提高生产力，适应国际市场竞争环境将起到至关重要的作用。本书在实证研究部分主要围绕"企业的投资行为"与"企业的创新行为"进行了探讨，并评价了企业税负变化与税收优惠激励在其中的调节作用，通过将经济理论与实证分析相结合，得到了一些有意义的结论。具体如下。

（1）第四章主要研究了中国工业企业的投资行为以及新企业所得税法的实施对投资的影响。文中首先构建企业投资行为的理论模型，并将企业所得税的影响包含到投资成本中，进而使用企业投资—资本成本模型进行实证分析，来探讨企业所得税率的变化通过影响企业投资成本对企业投资的激励作用。研究结果发现企业资本成本对企业的投资有着显著的负向作用，而新税法改革通过降低企业面临的资本成本提高了企业投资规模。为了直接分析本次所得税改革中税率变化的政策效应，文中进一步使用政策评价的方法研究了所得税率的变化对企业投资的激励作用，其中使用了第三章所提出的半参数处理效应估计方法。结果发现，企业税率下降一单位，投资额平均提高约 17%；企业税率上升一单位，投资额平均下降约 20%。文中同时使用参数估计方法（双重差分，DID）对税率变化对企业投资率的影响进行了估计，估计结果约为 8.8%，即税率下降（上升）一单位，使企业投资额上升（下降）约 8.8%。两种方法所出的结论基本一致，只是大小存在差异。这可能归因于双重差分法忽略了可能的内生性问题，从而低估了政策的效果。但无论是半参数估计方法，还是参数估计方法（双重差分，DID），得出的结果都证明了税率降低（上升）对投资的显著性激励（抑制）作用；特别是对于内资企业来说，本次所得税改革通过降低其所得税率在很大程度上对其形成了扶持与激励。最后，为了进一步分析本次所得税改革对企业生产力的实际促进作用，文中针对企业投资的效率展开了讨论，研究在投资激励作用下企业的投资是否有效，企业的资本回报率是如何变化的。结果表明，从 2006 年开始，我国工业企业的投资效率总体上一直处于不断上升的趋势，说明伴随着近年来企业投资额的增加，企业的投资有效性也在提高。这也从另一个角度说明了随着企业投资效率的提高，所得税改革在实质上促进了我国工业企业生产效率的提高。因此可以得到的结论是：本次所得税改革通过对企业投资的激励实现了促进企业生产效率提高及企业发展的目标。

此外，第四章的研究还发现了一些比较值得一提的现象。第一，企业的资产流动性与企业投资存在着显著的正向关系，反映出中国资本市场发展的不健全导致企业投资规模受到了融资约束的限制。第二，分析企业投资效率发现，在我国工业企业中，国有企业、股份制企业等大型企业的投资效率相对于一些私营企业以及集体所有制企业来说反而较低。第三，投资效率在不同地区以及不同行业之间也存在着明显的差异。在一些被大型国有企业高度垄断的行业，如水的生产和供应业，电力、热力的生产和供应业，燃气生产和供应业，石油和天然气开采业，其投资效率相较于其他行业处于非常低的水平。在一些中西部地区，企业的投资效率也处于比较低的水平。

（2）第五章围绕我国企业自主创新行为决策展开研究，并评价了企业税负变化与税率优惠在其中的调节作用。针对已有文献的不足，文中提出了较为合理的研究框架，用理论模型和实证分析相结合的方法得到了比较有意义的结论。

第一，中国企业的创新行为会受到税负的影响，其中，企业税负变化或享有税率优惠会对其研发投入规模形成显著的激励作用，但是对企业研发活动参与率的影响并不显著。然而对于中小企业而言，其研发活动积极性以及投入规模对税负变化或税率优惠都比较敏感。这说明虽然通过降低企业税负或提供优惠税率在刺激创新方面的作用有限，但是考虑到中国企业的生存环境，以及中小企业在中国经济的创新发展中所起到的重要作用，可以预期，进一步完善税收激励政策，可以有效形成对中小企业创新行为的税收激励制度，对于促进我国经济的创新发展将具有重要意义。

第二，文中还发现了影响企业研发行为决策的其他重要因素：一是国有企业在研发活动方面比较缺乏积极性。二是企业经营年限越短，企业规模越小，其研发活动的参与率与投入规模越小。三是理论模型中的技术推动因素、需求拉动因素也对企业研发活动决策形成显著影响。

（3）第六章围绕企业的创新绩效进行了研究，评价了税收优惠激励对企业创新绩效的影响。文中在理论模型部分建立了广义 Cobb – Douglas 生产函数，其中将研发累积投入作为企业技术水平的累积存量，与劳动力、资本一起作为企业生产的三大要素，进而分析研发活动对企业生产绩效的影响，这种分析角度在很大程度上克服了现有文献的不足。此外，在实证研究中，文中还考虑到：创新活动（研发投入）是企业自主选择的一项活动，由此导致模型中可能存在研发投入与企业产出的联立性，即二者互为因果关系，从而导致内生性问题，文中通过构建合理的工具变量对该内生性问题进行了修正，得到了较为可靠的企业创新绩效估计结果。研究表明：企业通过产品与技术革新等创新活动，提高了企业的产出水平，我国企业创新投入的平均产出弹性达到 5.5%。进一步将文中的估计结果与国外一些文献对其企业创新绩效的估计结果进行对比发现，我国工业企业的创新绩效相对来说水平不低，而税收优惠激励也有利于提高企业的创新绩效。

第二节　相关政策启示

本书通过对企业的投资与创新行为进行理论与实证研究，并重点评价企业税负与税收优惠对企业投资、创新行为以及产出绩效的影响作用，发现了一些比较有价值的结论，这对于我国工业企业的发展以及政府未来制定相关税收政策也具有一定的借鉴价值。

（1）资本成本在很大程度上会影响我国工业企业的投资规模，而所得税制度对资本成本的影响作用也是不容忽视的。因此我们在未来的政策制定中，可以进一步地通过一些优惠税率、投资的税收抵免、固定资产的加速折旧等优惠政策来对一些需要重点扶持的企业以及高新技术行业形成政策性支持，从而通过提高企业在固定资产以及设备方面的投资水平，提高企业生产力，从而促进国家经济的发展。

（2）在我国工业企业中存在着显著的不均衡现象，即不同所有制企业、不同行业和地区的企业具有显著不同的投资效率。研究发现国有企业以及股份制企业等大型企业的投资效率反而较低，以及在一些被大型国有企业高度垄断的行业，如水的生产和供应业，电力、热力的生产和供应业，燃气生产和供应业，石油和天然气开采业，这些行业中企业的投资效率相较于其他行业处于非常低的水平。同时，我国中西部地区的企业投资效率相对来说也较低。因此建议政府在未来的政策引导中，充分考虑这些因素，提高国有大型企业的经营效率；同时扶持一些中小企业，制定相关激励性政策，为它们提供良好的投资环境；并继续扶持中西部地区企业的发展，提供相关的技术支持以提高其投资效率，从而在整体上促进经济的均衡发展。

（3）企业的研发活动会受到一些因素的制约，例如，人力资本在其中起到的重要作用说明企业的人才引进可能在很大程度上影响企业的创新活动的开展；同时，一些中小企业或者新兴企业在研发活动中也可能会受到一些限制。越是中小型企业，对一些税负减免或者税率优惠措施越敏感。因此，政府在制定相关政策时应该考虑到一些中小型企业和新兴企业可能面临的制约，并通过进一步完善税收优惠制度或者采用其他优惠便利政策措施，为它们提供一些政策性支持，从而在整体上为企业创造一个良好公平的创新发展环境。

（4）将本书得到的估计结果与国外一些文献对其企业创新绩效的估计结果进行对比之后，还可以发现中国工业企业的创新绩效水平相对来说与发达国家相差不大。这表明中国工业企业的创新绩效情况还比较乐观，而且企业的税负减免或者税率优惠都可以在一定程度上促进其创新绩效的提高。

（5）实证研究也发现了资本流动性的重要作用，这也就在很大程度上反映了现实中资本市场的不完全，从而制约了企业的投资与创新活动的开展。因此，为了促进企业的发展，政府在未来还应该通过实施政策来规范资本市场，特别需要加大对中小企业以及一些新兴企业融资的扶持力度，从而在整体上促进企业生产力的提高，促进企业的发展。

参考文献

［1］巴里·诺顿. 中国经济：转型与增长［M］. 中译本. 上海：上海人民出版社，2010.

［2］陈文锋，刘薇，李海兵. 后危机时期的中国经济发展与和谐社会构建［J］. 学术动态，2010（12）.

［3］范红忠. 有效需求规模假说、研发投入与国家自主创新能力［J］. 经济研究，2007（3）.

［4］冯根福，刘军虎，徐志霖. 中国工业部门研发效率及其影响因素实证分析［J］. 中国工业经济，2006（11）.

［5］李成. 企业所得税改革对外资企业投资的影响研究［J］. 税务研究，2008（4）.

［6］林毅夫，任若恩. 东亚经济增长模式相关争论的再探讨［J］. 经济研究，2007（8）.

［7］陆国庆. 中国中小板上市公司产业创新的绩效研究［J］. 经济研究，2011（2）.

［8］冒佩华，周亚虹等. 从专利产出分析人力资本在企业研发活动中的作用［J］. 财经研究，2011（12）.

［9］王兵，颜鹏飞. 技术效率、技术进步与东亚经济增长［J］. 经济研究，2007（5）.

［10］化成，高升好. 企业所得税改革及其经济后果研究评述与展望［J］. 会计之友，2012（12）.

［11］王娜，王跃堂，王亮亮. 企业所得税影响公司薪酬政策吗？［J］. 会计研究，2013（5）.

［12］王小鲁，樊纲，刘鹏. 中国经济增长方式转换和增长可持续性［J］. 经济研究，2009（1）.

［13］王跃堂，王亮亮，贡彩萍．所得税改革、盈余管理及其经济后果［J］．经济研究，2009（3）．

［14］王跃堂，王亮亮，彭洋．产权性质、债务税盾与资本结构［J］．经济研究，2010（9）．

［15］王永海，刘慧玲．所得税税率变动与公司风险承受［J］．会计研究，2013（5）．

［16］刘慧凤，曹睿．企业所得税制度改革对投资的激励效果［J］．税务研究，2011（3）．

［17］吴敬琏．中国增长模式抉择［M］．上海：上海远东出版，2006.

［18］夏和平，王邦宜．投资拉动型经济增长模式分析与我国未来政策选择［J］．特区经济，2006（1）．

［19］许玲丽，李雪松，周亚虹．中国高等教育扩招效应的实证分析——基于边际处理效应（MTE）的研究［J］．数量经济技术经济研究，2012（11）．

［20］周亚虹，贺小丹，沈瑶．中国工业企业自主创新的影响因素和产出绩效研究［J］．经济研究，2012（5）．

［21］张海洋，史晋川．中国省际工业新产品技术效率［J］．经济研究，2011（1）．

［22］朱平芳，徐伟民．上海市大中型工业行业专利产出滞后机制研究［J］．数量经济技术经济研究，2005（9）．

［23］朱有为，徐康宁．中国高技术产业研发效率的实证研究［J］．中国工业经济，2006（11）．

［24］Abreveya J, Shin Y . Rank Estimation of Partially Linear Index Models［J］. Econometrics Journal, 2011, 14（3）: 409 – 437.

［25］Acs Z J, Audretsch D B. Innovation, Market Structure and Firm Size［J］. Review of Economics and Statistics, 1987, 69（4）: 567 – 575.

［26］Acs Z J, Audretsch D B. Innovation and Small Firms［M］. MIT Press, Cambridge, Mass, 1990.

［27］ Acs Z J, Audretsch D B. R&D, Firm Size and Innovative Activity ［M］. University of Michigan Press, Ann Arbor, 1991.

［28］ Ahn H, Powell J L. Semiparametric Estimation of Censored Selection Models with a Nonparametric Selection Mechanism ［J］. Journal of Econometrics, 1993, 58 (1 – 2): 3 – 29.

［29］ Angrist J D. Lifetime Earnings and the Vietnam Era Draft Lottery: Evidence from Social Security Administrative Records ［J］. American Economic Review, 1990, 80 (3): 313 – 336.

［30］ Angrist J D, Krueger A B. Does Compulsory School Attendance Affect Schooling and Earnings? ［J］. Quarterly Journal of Economics, 1991, 106 (4): 979 – 1014.

［31］ Auerbach A. Wealth Maximization and the Cost of Capital ［J］. The Quarterly Journal of Economics, 1979, 93 (3): 433 – 446.

［32］ Auerbach A. Tax Reform and Adjustment Costs: The Impact on Investment and Market Value ［J］. International Economic Review, 1989, 30 (4): 939 – 962.

［33］ Auerbach A J, Hassett K. Tax Policy and Business Fixed Investment in the United States ［J］. Journal of Public Economics, 1992, 47 (2): 141 – 170.

［34］ Aiello F, Cardamone P. R&D Spillover and Firms' Performance in Italy: Evidence from a Flexible Production Function ［J］. Empirical Economics, 2008, 34 (1): 143 – 166.

［35］ Bai C E, Hsieh C T, Qian Y. The Return to Capital in China ［R］. NBER Working Paper Series No. 12755, 2006.

［36］ Bloom N, Van Reenen J. Patents, Real Options and Firm Performance ［J］. Economic Journal, 2002, 112 (Mar.): C97 – C116.

［37］ Blundell R, Powell J L. Censored Quantile Regression with Endogenous Regressors ［J］. Journal of Econometrics, 2007, 141 (1): 65 – 83.

［38］ Brainard W C, Tobin J. Pitfalls in Financial Model Building ［J］.

American Economic Review, 1968, 58 (2): 99 – 122.

[39] Bravo – Ortega C, Marín Á G. R&D and Productivity: A Two Way Avenue? [J]. World Development, 2010, 39 (7): 1090 – 1107.

[40] Business Council of Australia, 1993, Managing the Innovating Enterprise, Melbourne, BCA.

[41] Card D. The Causal Effect of Education on Earnings [M] //Orley C A, Card D. Handbook of Labor Economics, North Holland, Amsterdam, 1999.

[42] Chamberlain, Gary. Panel Data [M] //Griliches Z, Intriligator M D. Handbook of Econometrics, 1984: 1247 – 1318.

[43] Chapple H, Cheng D. Expectation, Tobin's q and Investment: A Note [J]. Journal of Finance, 1982, 37 (1): 231 – 236.

[44] Chatelain J B, Tiomo A. Investment, the Cost of Capital and Monetary Policy in the Nineties in France: A Panel Data Investigation [R]. ECB Working Paper No. 106, 2001.

[45] Chatelain J B, Generale A, Hernando I, Von Kalckreuth U, Vermeulen P. New Findings on Firm Investment and Monetary Policy Transmission in the Euro Area [J]. Oxford Review of Economic Policy, 2003, 19 (1): 1 – 11.

[46] Chen S. Distribution – free Estimation of the Random Coefficient Dummy Endogenous Variable Model [J]. Journal of Econometrics, 1999, 91 (1): 171 – 199.

[47] Chen S, Zhou Y H. Semiparametric and Nonparametric Estimation of Sample Selection models Under Symmetry [J]. Journal of Econometrics, 2010, 157 (1): 143 – 150.

[48] Chirinko R S, Fazzari S M, Meyer A P. How Responsive is Business Capital Formation to Its User Cost: An Exploration with Micro Data [J]. Journal of Public Economics, 1999, 74 (1): 53 – 80.

[49] Clark J M. Business Acceleration and the Law of Demand: A Technical Factor in Economic Cycles [J]. Journal of Political Economy, 1917, 25 (1): 217 – 235.

［50］ Cohen W. Empirical Studies of Innovative Activity ［M］//Stoneman P. Handbook of the Economics of Innovation and Technological Change, Blackwell, Oxford, 1995.

［51］ Cohen W M, Klepper S. A Reprise of Size and R&D ［J］. Economic Journal, 1996, 106 (437): 925 –951.

［52］ Cohen W M, Levin R C. Empirical Studies of Innovation and Market Structure ［M］//Schmalensee R, Willig R D. Handbook of Industrial Organization, Vol. II, North – Holland, Amsterdam, 1989.

［53］ Crépon B, Duguet E, Mairesse J. Research Innovation and Productivity: An Econometric Analysis at the Firm Level ［J］. Economics of Innovation and New Technology, 1998, 7 (2): 115 – 158.

［54］ Cummins J G, Hassett K A. The Effects of Taxation on Investment: New Evidence from Firm Level Panel Data ［J］. National Tax Journal, 1992, 45 (3): 243 –251.

［55］ Cummins J G, Hassett K A, Hubbard R G. A Reconsideration of Investment Behavior Using Tax Reform as Nature Experiments ［J］. Brooking Papers on Economic Activity, 1994 (2): 181 –249.

［56］ Cummins J G, Hassett K A, Hubbard R G. Have Tax Reforms Affected Investment? ［M］//National Bureau of Economic Research. Tax Policy and the Economy, Volume 9, MIT Press, 1995: 131 –150.

［57］ Cummins J G, Hassett K A, Hubbard R G. Tax Reforms and Investment: A Cross – country Comparison ［J］. Journal of Public Economic, 1996, 62 (1 –2): 237 –273.

［58］ Cuneo P, Mairesse J. Productivity and R&D at the Firm Level in French Manufacturing ［M］//Griliches Z. R&D, Patents, and Productivity, Chicago: University of Chicago Press, 1984.

［59］ Dollar D, Wei S J. Das (wasted) Kapital: Firm Ownership and Investment Efficiency in China ［R］. NBER Working Paper No. 13103, 2007.

［60］ Downs T Q. The Tax Bias Theory: the Role of Depreciation Tax

Shields［J］. Journal of Public Economics, 1992, 47（1）.

［61］ Eisner R, Strotz R H. Determinants of Business Investment, In Commission on Money and Credit, Impacts of Monetary Policy ［M］. Prentice – Hall, New Jersey, 1963: 59 – 337.

［62］ Eisner R, Nadiri M. Investment Behavior and the Neo – classical Theory ［J］. The Review of Economics and Statistics, 1968, 50（3）: 369 – 382.

［63］ Eklund J E. Theories of Investment: A Theory Review with Empirical Applications ［R］. Working paper series from Swedish Entrepreneurship Forum, 2013.

［64］ Elston J A. Tax Reform and Corporate Investment: Theory and Evidence of A Q Theoretical Approach ［D］. Ph. D. dissertation, University of Washington, 1992.

［65］ Farber S. Buyer Market Structure and R&D Effort: A Simultaneous – equations Model ［J］. Review of Economics and Statistics, 1981, 63（3）: 336 – 345.

［66］ Fisher I. The Theory of Interest ［M］. Macmilan, New York, 1930.

［67］ Freeman C. The Economics of Industrial Innovation ［M］. 2nd Edition. Frances Pinter, London, 1982.

［68］ Von Furstenberg G M, Malkiel B G, Watson H S. Expectations, Tobin's q and Industry Investment. ［J］. Journal of Finance, 34（2）: 549 – 561.

［69］ Gould J P. Adjustment Costs in the Theory of Investments in the Firms ［J］. Review of Economic Studies, 1968, 35（1）: 47 – 56.

［70］ Griffith R, Harrison R, Van Reenen J. How Special Is the Special Relationship? Using the Impact of US R&D Spillovers on UK Firms as a Test of Technology Sourcing ［J］. American Economic Review, 2006, 96（5）: 1859 – 1875.

［71］ Griliches Z. Issues in Assessing the Contribution of Research and

Development to Productivity Growth [J] . Bell Journal of Economics, 1979, 10 (1): 92 - 116.

[72] Griliches Z. R&D and Productivity Growth at the Firm Level [M] //Z. Griliches. R&D, Patents, and Productivity. Chicago: University of Chicago Press, 1984.

[73] Griliches Z. Productivity, R&D and Basic Research at the Firm Level in the 1970s [J] . American Economic Review, 1986, 76 (1): 141 - 154.

[74] Griliches Z, Mairesse J. Productivity and R&D at the Firm Level [M] //Griliches Z. R&D, Patents, and Productivity. Chicago: University of Chicago Press, 1984.

[75] Gustavsson P, Poldahl A. Determinants of Firm R&D: Evidence from Swedish Firm Level Data [R] . FIEF Working Paper Series, 2003.

[76] Hall B H. Investment and Research and Development at the Firm Level: Does the Source of Financing Matter? [R] . NBER Working Paper No. 4096, 1992.

[77] Hall B H, Mairesse J. Exploring the Relationship between R&D and Productivity in French Manufacturing Firms [J] . Journal of Econometrics, 1995, 65 (1): 263 - 293.

[78] Hall R E, Jorgenson D W. Tax Policy and Investment Behavior [J]. The American Economic Review, 1967, 57 (3): 391 - 414.

[79] Hausman J, Hall B, Griliches Z. Econometric Model for Count Data with An Application to Patent R&D Relationship [J] . Econometrica, 1984, 52 (4): 909 - 938.

[80] Hayashi F. Tobin's Marginal and Average Q: A Neoclassical Interpretation [J] . Econometrica, 1982, 50 (1): 213 - 224.

[81] Hayek F A. The Pure Theory of Capital [M] . Routledge, London, 1941.

[82] Heckman J J. Dummy Endogenous Variables in a Simultaneous Equation System [J] . Econometrica, 1978, 46 (4): 931 - 960.

[83] Heckman J J. Statistical Models for Discrete Panel Data [M] // Manskiand C, McFadden D. The Structural Analysis of Discrete Data. MIT Press, Cambridge, MA, 1981.

[84] Heckman J J. Varieties of Selection Bias [J] . American Economic Review, 1990, 80 (2): 313 –318.

[85] Heckman J J. Randomization and Social Program [M] //Manski C, Garfinkle I. Evaluating Welfare and Training Programs. Cambridge: Harvard University Press, 1992.

[86] Heckman J J. Instrumental Variables: A Study of Implicit Behavioral Assumptions in One Widely Used Estimator [J] . Journal of Human Resources, 1997, 32 (3): 441 –462.

[87] Heckman J J, Macurdy T E. Labor Econometrics [M] //Griliches Z, Intriligator M D. Handbook of Econometrics. North – Holland, Amsterdam, 1986.

[88] Heckman J J, Robb R. Alternative Methods for Evaluating the Impact of Intervention: An Overview [J] . Journal of Econometrics, 1985, 30 (1 –2): 239 –267.

[89] Heckman J J, Robb R. Alternative Methods for Evaluating the Impact of Treatment on Outcomes [M] //Heckman J, Singer B. Longitudinal Analysis of labor Market Data. Cambridge University Press, Cambridge, 1986.

[90] Heckman J J, Ichimura H, Todd P. Matching as An Econometric Evaluation Estimator [J] . Review of Economic Studies, 1997, 64 (4): 605 –654.

[91] Heckman J J, Li X. Selection Bias, Comparative Advantage and Heterogeneous Returns to Education: Evidence from China in 2000 [J]. Paci. c Economic Review, 2004, 9 (3): 155 –171.

[92] Himmelberg C P, Petersen B C. R&D and Internal Finance: A Panel study of Small Firms in High –tech Industries [J] . Review of Economics and Statistics, 1994, 76 (1): 38 –51.

［93］ Imbens G W, Angrist J D. Identification and Estimation of Local Average Treatment Effects ［J］. Econometrica, 1994, 62 (2): 467 –476.

［94］ Ichimura H. Semiparametric Least Squares (SLS) and Weighted SLS Estimation of Single – Index Models ［J］. Journal of Econometrics, 1993, 58 (1 –2): 71 –120.

［95］ Jorgenson D. Capital Theory and Investment Behavior ［J］. American Economic Review, 1963, 53 (2): 247 –259.

［96］ Jorgenson D. The Theory of Investment Behavior ［M］//Robert Ferber. Determinants of Investment Behavior. Universities – National Bureau Conference Series No. 18. Colombia University Press, New York, 1967.

［97］ Jorgenson D. Econometric Studies of Investment Behavior: A Survey ［J］. Journal of Economic Literature, 1971, 9 (4): 1111 –1147.

［98］ Kamien M I, Schwartz N L. Market Structure and Innovation ［M］. Cambridge University Press, Cambridge, 1982.

［99］ Keynes J M. The General Theory of Employment, Interest and Money ［M］. Macmilan, 1936.

［100］ Koyck L M. Distributed Lags and Investment Analysis ［M］. North – Holland, Amsterdam, 1954.

［101］ Kyriazidou E. Estimation of A Panel Data Sample Selection Model ［J］. Econometrica, 1997, 65 (6): 1335 –1364.

［102］ Lang G. Measuring the Returns of R&D—An Empirical Study of the German Manufacturing Sector over 45 Years ［J］. Research Policy, 2009, 38 (9): 1438 –1445.

［103］ Lee C – Y. A Simple Theory and Evidence on the Determinants of Firm R&D ［J］. Economics of Innovation and New Technology, 2003, 12 (5): 385 –395.

［104］ Levin R C, Reiss P C. Test of a Schumpeterian Model of R&D and Market Structure ［M］//Z. Griliches. R&D, Patents, and Productivity. Chicago: University of Chicago Press, 1984.

[105] Levin R C, Cohen W M, Mowery D C. R&D Appropriability, Opportunity, and Market Structure: New Evidence on Some Schumpeterian Hypotheses [J]. American Economic Review, AEA Papers and Proceedings, 1985, 75 (2): 20 - 24.

[106] Levin R C, Reiss P C. Cost - reducing and Demand - creating R&D with Spillovers [J]. Rand Journal of Economics, 1988, 19 (4): 538 - 556.

[107] Liu E, Hsiao C, Matsumoto T, Chou S. Maternal Full - time Employment and Overweight Children: Parametric, Semi - parametric, and Non - parametric Assessment [J]. Journal of Econometrics, 2009, 152 (1): 61 - 69.

[108] Lunn I. An Empirical Analysis of Process and Product Patenting: A Simultaneous Equation Framework [J]. Journal of Industrial Economics, 1986, 34 (3): 319 - 330.

[109] Newey W K. Kernel Estimation of Partial Means and a General Variance Estimator [J]. Econometric theory, 1994, 10 (2): 233 - 253.

[110] OECD. The Oslo Manual: Proposed Guidelines for Collecting and Interpreting Technological Innovation Data [R]. 1997.

[111] Pakes A, Griliches Z. Patents and R&D at The Firm Level: A First Report [J]. Economic Letters, 1980, 5 (4): 377 - 381.

[112] Pavitt K, Robson M, Townsend J. The Size Distribution of Innovating Firms in the UK: 1945 - 1983 [J]. Journal of Industrial Economics, 1987, 35 (3): 297 - 316.

[113] Pellegrino G, Piva M, Vivarelli M. Young Firms and Innovation: A Microeconometric Analysis [J]. Structural Change and Economic Dynamics, 2012, 23 (4).

[114] Powell J L. Semiparametric Estimation of Bivariate Latent Variable Models [R]. Working Paper, No. 8704, Social Research Institute, University of Wisconsin, Madi - son, WI, 1987.

[115] Powell J L. Estimation of Semiparametric Models [M] //James.

Heckman, Edward E. Leamer. Handbook of Econometrics. Amstrerdam: North - holland Press, 1994.

[116] Powell J L, Stock J H, Stocker T M. Semiparametric Estimation of Index Coefficients [J] . Econometrica, 1989, 57 (6): 1403 - 1430.

[117] Rosenbaum P R, Rubin D B. The Central Role of Propensity Score in Observational Studies for Causal Effects [J] . Biometrika, 1983, 70 (1): 41 - 55.

[118] Rothwell R, Zegveld W. Innovation and the Small and Medium Sized Firm [M] . Frances Pinter, London, 1982.

[119] Rubin D B. Estimating Causal Effects of Treatments in Randomized and Nonrandomized Studies [J] . Journal of Education Psychology, 1974, 66 (5): 688 - 701.

[120] Salinger M, Summers L H. Tax Reform and Corporate Investment: A Macroeconometric Simulation Study [M] //Martin Feldstein. Behavior Simulation Methods in Tax Policy. National Bureau of Economic Research, Chicago, University of Chicago Press, 1983.

[121] Samuelson P. A Synthesis of the Principle of Acceleration and the Multiplier [J] . Journal of Political Economy, 1939, 47 (6): 786 - 797.

[122] Scott J T. Firm Versus Industry Variability in R&D Intensity [M] //Z. Grilichies. R&D, Patents, and Productivity. University of Chicago Press, Chicago, 1984.

[123] Scott J T. Purposive Diversification and Economic Performance [M]. Cambridge University Press, Cambridge, 1993.

[124] Scherer F M. Firm Size, Market Structure, Opportunity and the Output of Patented Inventions [J] . American Economic Review, 1965, 55 (5): 1097 - 1125.

[125] Scherer F M. Market Structure and the Employment of Scientists and Engineers [J] . American Economic Review, 1967, 57 (3): 524 - 531.

[126] Schumpeter J A. The Theory of Economic Development [M].

Harvard Press, 1934.

[127] Schumpeter J A. Capitalism, Socialism and Democracy [M]. New York: Harper & Brothers, 1942.

[128] Schumpeter J A. Capitalism, Socialism and Democracy [M]. 3rd Edition. New York: Harper and Row, 1950.

[129] Shrieves R. Market Structure and Innovation: A New Perspective [J]. Journul of Industrial Economics, 1978, 26 (4): 329 – 347.

[130] Silverman B W. Density Estimation for Statistics and Data Analysis [M]. New York, Chapman and Hall, 1986.

[131] Soete L L G. Firm Size and Inventive Activity: The Evidence Reconsidered [J]. European Economic Review, 1979, 12 (4): 319 – 340.

[132] Summer L H. Taxation and Corporate Investment: A Q – theory Approach [J]. Brookings Papers on Economic Activity, 1981, 12 (1): 67 – 140.

[133] Syrneonidis. Innovation, Firm Size and Market Structure: Schumpeterian Hypotheses and Some New Themes [R]. OECD Economic Studies, No. 27, 1996.

[134] Tobin J. A General Equilibrium Approach to Monetary Theory [J]. Journal of Money, Credit and Banking, 1969, 1 (1): 15 – 29.

[135] Wooldridge J M. Estimating Average Partial Effects under Conditional Moment Independence Assumptions [R]. CeMMAP Working Paper CWP03/04.

[136] Wooldridge J M. Econometric Analysis of Cross Section and Panel Data [M]. MIT Press, 2002.

[137] Wooldridge J M. Econometric Analysis of Cross Section and Panel Data [M]. 2nd edition. MIT Press, 2010.

[138] Xiu L, Gunderson M. Credential Effects and the Returns to Education in China [J]. Labour, 2013, 27 (2): 225 – 248.